SUR GRIN VOS CONNAISSANCES
SE FONT PAYER

- Nous publions vos devoirs
  et votre thèse de bachelor et master

- Votre propre eBook et livre –
  dans tous les magasins principaux du monde

- Gagnez sur chaque vente

Téléchargez maintentant sur www.GRIN.com
et publiez gratuitement

Bibliographic information published by the German National Library:

The German National Library lists this publication in the National Bibliography; detailed bibliographic data are available on the Internet at http://dnb.dnb.de .

Imprint:

Copyright © 2014 GRIN Verlag
Print and binding: Books on Demand GmbH, Norderstedt Germany
ISBN: 9783668724013

Roland Nathan Kalonji

Etude Approfondie sur l'Usage des Protocoles SSH et Open SSH dans un Man

GRIN Verlag

GRIN - Your knowledge has value

Since its foundation in 1998, GRIN has specialized in publishing academic texts by students, college teachers and other academics as e-book and printed book. The website www.grin.com is an ideal platform for presenting term papers, final papers, scientific essays, dissertations and specialist books.

Visit us on the internet:

http://www.grin.com/

http://www.facebook.com/grincom

http://www.twitter.com/grin_com

ETUDE APPROFONDIE SUR L'USAGE DES PROTOCOLES SSH ET OPEN SSH DANS UN MAN

PAR

Roland Nathan Kalonji

15-09-2014

EPIGRAPHIE

" AU DELA D'UNE ASSERTION,UNE VERITE SCIENTIFIQUE QUI S'EN VEUT IMMUABLE ET INDUBITABLE EST CELLE QUI DEVRAIT ETRE PROUVEE APRES ETUDE ; AINSI,RIEN NE S'AFFIRME SANS ETRE DEMONTRE ET RIEN NE SE REFUTE SANS ETRE REFUTE AU PREALABLE (...)"

Roland Nathan Kalonji, 2014.

AVANT-PROPOS

Il esiste plusieurs protocoles sécuritaires (SSL/TSL, SRP, IPSEC.etc.) intéragissant sous differentes plateformes réseautiques. Ces protocoles sont quelque fois robustes, fiables, surs, avantageux, bornés, etc. Bien que leurs aspects intrinsèques soient quelque peu fragiles, ils demeurent donc d'une importance totalement supérieure en terme de fonction communicationnelle entre plusieurs systèmes. Ainsi, partant d'un aspect global, plusieurs entités exigent et veulent que la confidentialitè de leurs données et informations deviennent plus costauds. Les chefs d'entréprises et dirigeants de plusieurs organisations veulent tout renforcer et blinder en rassurant leurs agents, clients et partenaires locaux et internationnaux en des termes et échanges plus securisés et quelques fois cryptés.

Ce sousis de renforcément sécuritaire devrait donc etre couvert par des notions plus claires et concises. Ainsi, cette étude approfondie fait object de fouilles animées par le soucis d'élaborer toutes les nuances positives et négatives des protocoles SSH et Open SSH dans un réseau MAN (Metropolitan Area Network). Elle est aussi une résultante de tout succès et toutes les failles que connaissent la gamme protocolaire TCP/IP et OSI sous le plan de l'implémentation et aspect pragmatic. L'objectif de ce travail est donc d'apporter une vue plus synthétisée et usuelle en terme de fonctions applicatives non pas seulement sous Debian/Linux mais aussi sous d'autres plateformes.

TABLE DE MATIERES

SECTION DES FIGURES

SECTION DES TABLES

INTRODUCTION GENERALE

1. PRESENTATION DU SUJET

A ces jours, les menaces sur les systèmes d'informations et les données d'entreprise s'intensifient à une vitesse alarmante. IL est relativement facile pour les pirates de forcer les réseaux gouvernementaux ou d'entreprises pour y causer des dommages irréversibles et indélébiles; ceux-ci menacent également l'intégrité et les procédures d'accès et d'authentification. Ainsi, sachant que le plus fondamentale des aspects dans une quelconque plateforme est *la communication*, en informatique celle-ci est possible que par une présence d'un ou plusieurs protocols. Dès par son essence, *les protocoles définissent le format, l'ordre des messages émis et reçus entre les entités (réseaux), ainsi que les réactions à ces messages et aux évènements*[1]. Aussi, en passant par toutes les catégories et tout type de réseau, l'informatique prend un envol biface indépendamment de plateforme: *l'un théorique visant à définir des concepts et modèles puis l'autre, pratique s'intéressant aux techniques concrètes d'implémentation et de mise en oeuvre sur le terrain*.

De ceci, ne faisant pas appel à toutes les catégories réseaux, dans notre travail, il est question du réseau MAN où nous faisons une étude approfondie de l'usage des protocoles SSH et OPENSSH. Et puis que c'est du réseau MAN qu'il s'agit, nous disons donc que c'est une catégorie réseau regroupant des LAN au niveau d'une région; couvrant une ville, interconnectant des entreprises, campus, et éventuellement de particuliers. Il relie plusieurs réseaux locaux proches entres eux en faisant appel à des routeurs et des câbles de fibre optique permettant des accès à très haut débit.

Conceptuellement, un MAN est un ensemble de réseaux informatiques ou de télécommunication qui travaillent ensemble pour fournir un accès et des services dans une region métropolitaine. Plus précisément, un MAN est un réseau identifiable qui pourrait être détenue et géré par un opérateur de réseau unique, généralement un fournisseur de services ou le transporteur.

Et Selon la définition de l'Institute of Electrical and Electronics Engineers (IEEE) dans les années 1990, un MAN couvre jusqu'à quelques dizaines de kilomètres. D'où, d'une manière logique, c'est dans un réseau Métropolitain que nous faisons la topologie, mais du point de vue fonctionnelle nous sommes devant une interconnections des VPN multisites qui emprunteraient les protocoles SSH et OPENSSH pour toutes les transactions.

---

[1] Tuanloc Nguyen, Cours de réseau1, Université paris12, 2013

En Signifiant *Secure Shell, SSH* offre *la confidentialité des échanges et l'authentification des correspondants;* C'est en fait un protocole voué à être utilisé en lieu et place du protocole TELNET ainsi qu'à éradiquer l'utilisation des commandes «R*» telle que RLOGIN, RCP, RSH, RSHD[2].

En effet, le SSH est un protocole permettant à des machines d'établir une communication sécurisée; ce protocole de communication sécurisée repose sur le mode client-serveur. D'où SSH désigne un ensemble de programmes et de protocoles qui permettent de se connecter sur une machine distante de manière sécurisée; Il en a décliné 2 versions:

- **Version 1**et **version 2**: le protocole v1 possédait une faille permettant à un pirate d'insérer des données dans le flux chiffré. Le OPENSSH est à la fois un produit SSH, un protocole, mais aussi un logiciel fournissant des fonctionnalités semblables aux commandes « R* » et dont les connexions entre les machines cliente(s) et serveur sont chiffrées. Il est la version libre de SSH la plus répandue et qui implémente plusieurs fonctions telles que le chiffrement fort, la compression des données, le transfert de port et l'authentification forte, etc…

Et le principal rôle des SSH et OPENSSH dans un MAN est de crypté toutes transmissions d'informations en clair sur le réseau ; Ceci répond à toutes les insuffisances qu'éprouvaient les autres protocoles qui ouvraient la porte à des attaques très importantes, puisqu'il suffisait à un tiers utilisateur d'écouter le réseau avec un utilitaire simple tel que *tcpdump* pour non seulement assister en direct à tous les échanges entre clients et serveurs mais également voir tous les mots de passe transiter. D'où, notre travail à pour objectif de mettre à la disposition de développeurs de réseaux non pas seulement MAN , un outil pour leur permettre de sécuriser toutes les transactions au sein même de ce réseau via des technologies de cryptage et d'authentification que garantit le SSH et toutes ses variétés sous GNU/Linux Debian.

2. CHOIX ET INTERET DU SUJET

a) CHOIX
La plupart des protocoles utilisés par différentes plateforme, notamment sur Internet qui existe depuis longtemps, n'arrivent pas à rendre toutes les transactions plus crédibles et même fiable dans la manière où les mots de passe et mêmes certaines informations plus confidentes transitent en clair sur tout le réseau et cela sans aucune garantie de sécurité.

---

[2] Stéphane sales, Secure shell login,2003

C'est ainsi que plusieurs entreprises et mêmes diverses organisations se voient attaquées dans leur système par des imposteurs (pirates) qui eux subtilisent toutes leurs informations de manière illégale.

Ainsi, c'est par la technologie des VPN (Virtual Private Network) qui consiste à mettre en oeuvre les techniques de chiffrement nécessaire à la sécurisation des communications pour l'authentification et la confidentialité des données au sein des différentes plateformes et de réseaux multi sites que nous voyons plus un réseau de grandes dimensions être sécurisé de bout en bout par le protocole SSH et OPENSSH du niveau applicatif de TCP/IP.

b) INTERET
Notre intérêt pour ces deux gros protocoles est émulé par le faite que ceux-ci viennent apportés dans un échange ou même entre deux entités distants, *l'intégrité, l'authentification et aussi la confidentialité des données en empruntant des algorithmes des cryptages et des fonctions d'hachages ;*Etant donné qu'actuellement toutes les données d'entreprises passe en majeure partie par un réseau Internet, d'où la nécessité pour un informaticien de maitriser le problème de sécurisation.

En effet, ces protocoles permettent aussi d'établir un système de *tunneling* entre une machine locale et celle distante ; Toutes fois, en empruntant plusieurs protocoles tels que Ipsec, SSL/TLS, et même d'autres encore, l'interconnections des grandes dimensions réseaux accusent parfois des défaillances à garantir une sécurité plus accrue pour certaines raisons que nous verrons plus bas.

3. ETAT DE LA QUESTION
Nous recourons à notre plus profonde modestie scientifique pour avouer que dans le domaine où nous nous sommes attribués la tâche de rédiger ce travail, nous ne sommes pas le premier et non plus le dernier à y manifester un intérêt capital, lequel se traduisant dans l'idée et l'énoncée principale faisant l'objet de notre Sujet de travail de fin de cycle.

De ce fait, en parlant des protocoles SSH et OPENSSH, nous ne sommes pas premier à traiter dessus dans un travail de fin de cycle, car avant nous l'étudiant Gilbert Mulamba de troisième graduat jour de notre faculté a eu à abordé plus le protocole SSH pour établir une communication sécurisée et cette fois-là sur une plateforme Windows. Ainsi, notre étude est celle qui sera fondée sur Debian qui est une distribution GNU/Linux et qui lui vient présenter des gros avantages en termes de gratuité, d'ergonomie et d'utilité du système ;Nous disons que celle-ci est dépourvue de gourmandise en termes d'implémentation et présente aussi beaucoup d'outils d'administrations pour la gestion des réseaux par rapport à Windows.

4. PROBLEMATIQUE ET HYPOTHESE

a) Problématique

La problématique est la présentation d'un problème sous différentes formes, elle donne l'expression de la préoccupation majeure qui circonscrit de manière précise et déterminée avec une claret absolue, les dimensions essentielles de l'objet de l'étude que le chercheur propose de poursuivre[3]. La problématique se définit aussi comme un ensemble des questions que l'on se pose sur l'objet de recherche, lesquels stimulent l'observation et l'analyse en vue de l'exploitation de ces dernières[4].

Dans l'élaboration d'un travail scientifique, il est plus nécessiteux que le chercheur que nous sommes se bute à des nombreux ambiguïtés questionnaires; En effet, il est plus impérieux de mieux agencé les idées afin d'aboutir à une ébauche de la solution et de définir le gros de notre travail.

Dans cette partie, nous pouvons nous poser plusieurs questions à savoir :
- Comment peut-on sécuriser le réseau MAN face aux diverses attaques ?
- Quel protocole faut-il implémenter pour sécuriser un réseau d'interconnection multi-site sous Debian ?

Ainsi dit, c'est sur ces préoccupations majeures que nous tenterons de fonder notre hypothèse, de répondre aux questions soulevées ci-haut en y palliant par une solution maximale répondant aux besoins élucidés.

b) hypothèse

L'hypothèse est une réponse anticipée du phénomène de la nature, une réaction plus ou moins sous entendue à l'attente d'une confirmation adéquate et objective; elle est aussi une proposition ou une explication que l'on se contente d'énoncer sans prendre position sur son caractère véridique, c'est-à-dire sans l'affirmer ou la nier. Il s'agit donc d'une simple supposition, appartenant au domaine du possible ou du probable[5].

Tout de suite , nous répondons en disant que les protocoles SSH et OpenSSH sont des grands protocoles parmi tant d'autres qui viennent apportés sécurité dans le domaine d'échange d'informations dans un réseau, car ceux-ci étant de très loin de devenir vulnérable dans le sens qu'ils viennent encore donner une sécurité en terme de **confidentialité**, **d'intégrité** et **d'authentification** des données entre des entités.

---

[3] Daniel Cianda, Cours d'initiation à la recherche scientifique, inédit, Lubumbashi, U.P.L, G1 Info/jour 2006-2007
[4] Lubamba kibambe, cours de méthode de recherche scientifique, inédit, Lubumbashi, U.P.L, G2 info/jour, 2012-2013.
[5] https://fr.wikipedia.org/wiki/Hypoth%C3%A8se

Ceci explique donc le fait que toutes les attaques que pourront rencontrées un réseau Métropolitain seront ipso facto réduitent car, ces protocoles contrecarrent aussi toutes les techniques de piratage par ses méthodes de chiffrement des données Asymétrique/symétrique. Ces protocoles fournissent la cryptographie Asymétrique en cryptant toutes les informations transitant entre deux ou plusieurs personnes qui communiquent en réseau en leur fournissant une paire des clés publiques /privées pour leur authentification.

5. METHODE ET TECHNIQUE
5.1 Méthode
La méthode : c'est une procédure adoptée par une discipline pour atteindre les objectifs qu'elle s'est assignée, c'est aussi l'ensemble d'opérations intellectuelles qu'une discipline effectue pour atteindre des vérités qu'elle poursuit, les démontre et les vérifient[6] ; c'est un ensemble des voies et moyens utilisés pour atteindre un quelconque objectif.

Ainsi, pour notre travail, nous avons fait recours à trois méthodes ; l'une historique, l'autre comparative et enfin une autre descriptive. Pour mener à bon notre étude, nous avons fait appel à la méthode **Historique,** qui en fait nous a permis de retracer l'aperçu historique et évolutive des protocoles SSH et OPENSSH pour render notre étude plus fiable et efficace. Nous avons aussi recouru à la méthode **comparative,** laquelle nous a permis de comparer les différents protocoles sécuritaires qui interagiraient dans un MAN enfin de ressortir toutes les nuances relatives par rapport à ceux dont on aborde. Et enfin, notre emprunt à celle **descriptive** nous a permis à démanteler toutes les variétés des protocoles, leurs rôles usuels et leurs performances en termes de configuration et d'utilisation.

5.2 La technique
La technique (de recherche) : se définit comme un outil inséparable au chercheur lui permettant de recueillir et de traiter les informations dont il a besoins[7]. Nous avons à ce niveau fait appel à la technique **Documentaire,** laquelle nous a facilité de parcourir toute la documentation mise à notre disposition décrivant correctement le fonctionnement des protocoles SSH et leurs particularités. Aussi, avions-nous utilisé technique d'observation en son volet **observation participante,** et avec elle, nous sommes partis de notre propre utilisation de ces protocoles pour arriver à concevoir l'idée d'en mener une étude accrue et plus claire.

---

[6] Pinto & Grawitz,méthode en science sociale, éd, Dalloz, Paris, 1971.
[7] Assumani Etienne, cours d'initiation à la recherche scientifique, inédit, Lubumbashi, U.P.L, G1 info /jour ,2009-2010.

6. DELIMITATION DU SUJET

a)Dans le temps : en ceci, la portée de ces protocoles sont d'une extension technologique qui varie à une vitesse pareille à l'éclair ; Néanmoins, nous délimitons ce sujet dans le temps à partir de la toute première version du protocole tout en remontant dans les annales jusqu'à sa récente version qui est la 6.6.

b) Dans l'espace : ici, il est important de dire que ces protocoles sont utilisés partout dans le monde entier et cela sous plusieurs plateforme ; mais en ce qui nous concerne, nous délimitons notre sujet dans une vision plus palliative qui commence d'abord par une présence d'un MAN ensuite la configuration des protocoles SSH et OPENSSH fondé sur la plateforme linux précisément sous Debian.

7. SUBDIVISION DU TRAVAIL

Nous allons subdivisés notre travail en trois grands chapitre excepté l'introduction et la conclusion générale.

Premier chapitre : **ANALYSE ET CONSIDERATIONS CONCEPTUELLES**

Dans ce chapitre, nous allons présenter d'une manière générale et même infinitésimale les concepts des bases utilisés en informatique en termes des protocoles de sécurité en réseau et cela dans le but de bien éclaircir ce dont on aborde.

Deuxième chapitre : **LES PROTOCOLES SSH ET OPENSSH, PRESENTATIONS ET ROLES USUELS** : Ici nous irons d'une façon plus ou moins détaillé dire qu'est-ce que les protocoles ssh net et OpenSSH, leurs origines et leur rôles pragmatiques, dire leurs prouesses et défaillances dans un réseau non pas seulement métropolitain, mais aussi en générale par rapport à toute l'arsenal des protocoles similaires.

Troisième chapitre : **IMPLEMENTATION D'OPENSSH DANS UN MAN**

Dans ce troisième chapitre, il sera plus question de la configuration pratique des tous les outils que composent OpenSSH du côté client tout comme celui du serveur ; leur manipulation dans un MAN et aussi leur performance d'implémentation.

CHAPITRE PREMIER: ANALYSE ET CONSIDERATIONS CONCEPTUELLES

1.1 DEFINITIONS DES CONCEPTS DE BASE ET CONNEXES

1.1.1 CONCEPTS DE BASE

Il est plus impérieux de préciser toutes les terminologies nécessaires avant d'en tirer toutes les accoutumances logiques et/ou physiques de la réalité de notre travail ; Ainsi, tous les concepts utilisés sont de loin à pouvoir être négligeable dans l'objet de notre implémentation qui s'en suivra.

- **Le protocole :** est un ensemble des règles et des procédures permettant de définir un type decommunication particulier. les protocoles sont hiérarchisés en couches pour décomposer et ordonner les différentes tâches[8].

- **Le serveur:** est un ordinateur qui met ses ressources à la disposition d'autres ordinateurs sous la forme de services, qui peuvent être: espace disque, informations, base de données, imprimantes, courrier électronique, traitement automatisés, etc...

- **Ordinateur local (hôte local, machine local) :** Ordinateur sur lequel nous sommes connecté et qui, généralement, exécute un client SSH.

- **Ordinateur distant (hôte distant, machine distante) :** L'ordinateur que nous contactons à partir de notre ordinateur local. Généralement, il exécute un serveur SSH et est contacté par un client SSH. Dans certains cas particuliers, l'ordinateur local et l'ordinateur distant peuvent être une seule et même machine.

- **Le certificat (SSL) :** est un fichier de données qui lie une clé cryptographique aux informations d'une organisation ou d'un individu ; une fois installé sur un serveur, il active le cadenas et le protocole « https » (via le port 443) dans le navigateur afin d'assurer une connexion sécurisée entre le serveur web et le navigateur.

- **Les commandes « R » :** désignent les programmes Unix Rsh, Rcp et Rlogin qui sont remplacés successivement par Ssh, Scp et Slogin.

- **Le condensât :** est le résultat d'une fonction de hachage sur un texte.

---

[8] Http //:www.zeitoun.net

- **SHELL** : Interpréteur de commande, la partie du S.E utilisé comme interface avec l'utilisateur ; sa forme la plus simple est *Sh*.

- **Secure Shell** :(SSH) Shell permettant de se connecter de façon sécurisée sur une machine distante et d'y exécuter des programmes toujours de façon sécurisée.

- **SSH-1** : La version 1 du protocole SSH. Cette version est passée par plusieurs étapes, dont les plus connues sont la 1.3 et la 1.5. Nous écrirons *SSH-1.3* et *SSH-1.5* lorsqu'il sera nécessaire de faire la distinction.

- **SSH-2** :La version 2 du protocole SSH, telle qu'elle a été définie par plusieurs documents de proposition de norme du groupe de travail SECSH de l'IETF.

- **SSH1** :Le logiciel de *Tatu Ylönen*, implémentant le protocole SSH-1. C'est le SSH originel, il est maintenant distribué et maintenu (de façon minimale) par *SSH Communications Security, Inc.*

- **SSH2** :Le produit « SSH Secure Shell » de *SSH Communications Security, Inc.* C'est une implémentation commerciale du protocole SSH-2, bien qu'elle soit distribuée gratuitement dans certains cas.

- **Attaque par dictionnaire** : est une méthode utilisée en cryptanalyse pour trouver un mot de passe ou une clé ; Elle consiste à tester une série de mots de passe potentiels, les uns à la suite des autres espérant que le mot de passe utilisé pour *le chiffrement* soit contenu dans le dictionnaire. Celle-ci est souvent utilisée en complément de *l'attaque par force brute* qui consiste à tester, de manière exhaustive, les différentes possibilités de mots de passe.

- **Le fingerprint** : est une chaine de 32 caractères hexadécimaux et unique pour chaqu'une des clés.

1.1.2 CONCEPTS CONNEXES

- **Le concentrateur ou Hub** : récupère le trafic provenant de plusieurs machines qui lui sont Connectées ; il est lui-meme connecté sur un réseau plus puissant pour y faire transiter le traffic qu'il a rencontré.

- **Pont ou Bridge** :est un répéteur intelligent capable de s'apercevoir que la trame qu'il reçoit n'a pas besoin d'être répétée parce que le récepteur est du même côté de la liaison ; il permet d'agrandir les réseaux en le tronçonnant en sous réseaux.

- **La passerelle** : (en anglais Gateway) est un dispositif réseau permettant de relier deux réseaux informatiques de types différents en utilisant aussi des technologies différentes.

- **le Switch** : désigné "commutateur", est un équipement réseau permettant l'interconnexion d'entités informatique en réseau local tout en optimisant la bande passante ; contrairement au concentrateur (hub), il fragmente le réseau en domaines de collisions indépendants ; Aussi, travaille-t-il en full duplex, donc il peut émettre et recevoir les données sur un même port réseau simultanément.

- **Le routeur** : c'est un équipement de réseau qui détermine l'acheminement des données dans un réseau, il est aussi appelé commutateur évolué car il permet la communication de données entre deux réseaux différents. Sa fonction première est de déterminer la meilleure route pour atteindre le réseau suivant lors du transfert de données ; le routage utilise la couche 3 du model O.S.I.[9]

- **Le modem** : c'est un périphérique servant à communiquer avec des utilisateurs distants par l'intermédiaire d'un réseau analogique. Il permet de se connecter à internet techniquement il sert à convertir le signal analogique en signal numérique et vice versa.[10]

- **Carte réseau** :(Network Interface Card en Anglais et notée NIC) constitue l'interface entre l'ordinateur et le câble du réseau; Sa fonction est de préparer, d'envoyer et de Controler les données sur le réseau.

---

[9] Félix Mukendi, cours de réseaux, inédit, Lubumbashi, U.P.L, G1 info/ jour, 2009-2010.
[10] Papy Mukanda, cours d'architecture des micro-processeurs, inédit, Lubumbashi, U.P.L, G3 info/ jour, 2013-2014.

1.1.3 LES TOPOLOGIES RESEAUX

La topologie est une représentation d'un réseau; Cette représentation peut être considérée du point de vue physique et logique. Ainsi, elle représente la disposition de l'ensemble des composants d'un réseau[11].

a) TOPOLOGIE PHYSIQUE

Une topologie physique désigne tout simplement la manière dont les équipements sont relies physiquement; on choisira donc une autre par rapport à l'autre en fonction du réseau à mettre en place. Ainsi, on peut parler de la topologie en bus, en étoile, en arbre, etc... Voici en gros une figure de quelques-unes:

La figure a été supprimée pour des raisons de protection des données pour la publication

Figure 1 les topologies physique

b) TOPOLOGIE LOGIQUE

Une topologie logique détermine la manière dont les stations se partagent le support et cela de la méthode d'accès au réseau; un réseau peut être considéré comme appartenant à une topologie en étoile, du point de vue physique, alors qu'en réalité il appartient à une topologie en anneau, du point de vue logique.

b.1 Topologie Ethernet

Ethernet est aujourd'hui l'un des réseaux les plus utilisés en local. Il repose sur une topologie physique de type bus linéaire, c'est-à-dire tous les ordinateurs sont relier a un seul support de transmission. Dans un réseau Ethernet, la communication se fait à l'aide d'un protocole appelé CSMA/CD (Carrier Sense Multiple Access with Collision Detect), ce qui fait qu'il y aura une très grande surveillance des données à transmettre pour éviter toute sorte de collision.

b.2 Le Token Ring

Token ring repose sur une topologie en anneau (ring), il utilise la méthode d'accès par jeton (token). Dans cette technologie, seul le poste ayant le jeton a le droit de transmettre.Si un poste veut émettre il doit attendre jusqu' à ce qu'il ait le jeton.

b.3 L'ATM

L'ATM (Asynchronous Transfer Mode) ça veut dire mode de transfert asynchrone; est une technologie très récente qu'Ethernet, Token ring et FDDI. IL S'agit d'un Protocol de niveau 2, qui a pour objectif de segmenter les données en cellules de taille unique. L'en-tête de chaque cellule comprend des informations qui permettent à la cellule d'emprunter son chemin. Les cellules ATM sont envoyées de manière

---

[11] Charles Chanda, Cours de réseau,inédit,U.P.L,Lubumbashi,G2Info/soir,2011-2012

15

asynchrone, en fonction des données à transmettre mais sont insérées dans le flux de données synchrone d'un Protocol de niveau inférieur pour leur transport.

Avec le réseau ATM, deux technologies existent pour le moment:

-La commutation des paquets

-La commutation des circuits

b.4 LE FDDI

La technologie LAN FDDI (Fiber Distributed Data Interface) est une technologie d'accès réseau utilisant des câbles fibres optiques; Ainsi, il est constitué de 2 anneaux: *L'anneau primaire* et *secondaire*.

L'anneau secondaire sert à rattraper les erreurs de l'anneau primaire ; il utilise un anneau à jeton qui sert à détecter et à corriger les erreurs.

1.2 NOTIONS SUR LA CHRYPTOGRAPHIE ET LES MAN

1.2.1 LA CHRYPTOGRAPHIE

- **La clé:** Une clé est une donnée qui (traitée par un algorithme) permet de chiffrer et de déchiffrer un message. Il convient de souligner que toutes les méthodes de chiffrement n'utilisent pas de clé. Le ROT13, par exemple, n'a pas de clé. Quand on découvre qu'unmessage a été codé avec cet algorithme, on peut le déchiffrer sans autre information.

Une fois l'algorithme découvert, tous les messages chiffrés par lui deviennent lisibles. En outre, il faut aussi que la clé puisse prendre suffisamment de valeurs et être beaucoup trop longue ;Cela dit que pour qu'une attaque ait lieu il faut que l'intrus se lasse à essaier systématique toutes les clés. Cela s'appelle la *sécurité calculatoire*.

Cette sécurité calculatoire s'altère avec le progrès technique, et la puissance croissante des moyens de calcul l'a fait reculer constamment. Exemple : le DES, devenu obsolète à cause du trop petit nombre de clés qu'il peut utiliser (pourtant 256). Actuellement, 280 est un strict minimum. Àtitre indicatif, l'algorithme AES, dernier standard d'algorithme symétrique choisi par l'institut de standardisation américain NIST en décembre 2001, utilise des clés dont la taille est au moins de 128 bits soit 16 octets, autrementdit il y en a 2128.

Pour donner un ordre degrandeur sur ce nombre, cela fait environ$3,4 \times 1038$ clés possibles ; l'âge de l'univers étant de 1010 années, si on suppose qu'il est possible de tester 1 000 milliards de clés par seconde(soit $3,2 \times 1019$ clés par an), il faudra encore plus d'un milliard de fois l'âge de l'univers.

16

Dans un tel cas, on pourrait raisonnablement penser que notre algorithme est sûr.

- La cryptographie :*la cryptographie est l'ensemble des techniques permettant de chiffrer des messages ; c'est-à-dire permettant de les rendre inintelligibles sans actions spécifique.*

Aussi,étant donné qu'il est impossible de maîtriser l'ensemble des infrastructures physiques et aspects intrinseques situés entre l'utilisateur et la machine distante, la seule solution est de recourir à une sécurité cryptée au niveau logique (au niveau des données) ; En effet, c'est en empruntant les outils cryptographiques, que le protocole *SSH* prend plus le côté asymétrique pour chiffrer toutes les données possibles tout au long d'une session entre une machine locale et distante ; Ainsi,il faut tout de même dire que la cryptographie asymétrique n'est qu'une lorsqu'elle fait appel à celle Symétrique. Nous entrerons plus en profondeur sur celle Asymétrique et symétrique.

A ce niveau, on utilise plus le terme chiffré que celui crypté pour désigner toute action cryptographique. Et *le chiffrement* consiste *à rendre illisible un message en brouillant ses éléments de telle sorte qu'il soit très difficile de reconstituer l'original si l'on ne connaît pas la transformation appliquée;* il combine un **algorithme** et **une clé**.

Depuis son essence, la cryptographie s'est scindée en 3 grands groupes:

_ La cryptographie symétrique

_ La cryptographie asymétrique et

_ La cryptographie hybride.

a) LA CRYPTOGRAPHIE SYMETRIQUE

La cryptographie symétrique, aussi connue sous le nom de cryptographie à *clé secrète* ou cryptographie conventionnelle, est la plus ancienne historiquement. Elle est extrêmement répandue à cause de ses performances remarquables. Elle suppose qu'au moins deux personnes partagent la connaissance de la même clé secrète, ce qui leur confère donc un rôle symétrique. Elle s'appuie principalement sur les fonctions booléennes et les statistiques.

Dans cette cryptographie nous distinguons deux sortes de chiffrement appelé *algorithme de chiffrement*:

- **Chiffrement par bloc** : le message clair est découpé en une multitude de blocs relativementgrands (par exemple 128 bits) et on opère des opérations bien choisies sur les blocs. L'algorithme d'un chiffrement par bloc est généralement basé sur un modèle itératif. Il utilise une fonction F qui prend une clé secrète k et un message M de n bits. La fonction F est itérée un certain nombre de fois (nombre de tours). Lors de chaque tout, la clé k est différente et on chiffre le message qui vient d'être obtenu de l'itération précédente.

Les différentes clés k(i) qui sont utilisées sont déduites de la clé secrète k.

Ici, les plus connus de ses algorithmes sont: DES, 3DES, IDEA, Blowfish et le AES

- **DES** : (*Data Encryption Standard*) L'algorithme le plus connu est le DES. Il s'agit d'une version remaniée par la NSA d'un algorithme initialement conçu par IBM dans les années 1970 : ses spécifications sont publiques, mais sa conception est longtemps restée secrète. Sa version la plus récente date de 1994. Il opère généralement sur des blocs de 64 bits et utilise une clé de 56 bits qui sera transformée en 16 sous-clés de 48 bits chacune. Le chiffrement se déroule en 16 tours.

- **IDEA** : (*International Data Encryption Algorithm*) L'algorithme IDEA, plus récent que le DES, a été breveté par la société suisse Ascom. L'IDEA opère sur des blocs de 64 bits et utilise généralement une clé de 128 bits qui sera transformée en 52 blocs de 16 bits. Les algorithmes de cryptage et de décryptage sont identique ; Cet algorithme est considéré supérieur au DES en terme de sécurité. Cependant, sa vitesse d'exécution reste comparable avec le DES.

- **Blowfish**: L'algorithme Blowfish a été créé en 1904. Il est basé sur le DES mais utilise des clés plus longues. De plus, les tables fixées par la NASA ne sont plus utilisées, mais des tables différentes à chaque fois, déterminées par mot de passe.
- **AES** : (*Advanced Encryption Standard*) L'AES a été créée en 1997 sur la demande du National Institute of Standards and Technology aux Etats-Unis, dans le but de remplacer le DES. L'AES est un standard, il est donc libre d'utilisation, sans restriction d'usage ni de brevet.

- ***Chiffrement par flot ou par flux*** (en *continu*): le message clair est considéré comme un flot de bits (ou d'octets), et il est combiné avec un autre flot de bits (ou d'octets) généré de façon pseudo-aléatoire.
Dans les algorithmes de chiffrement par flot, une suite d'octets ou de bit ri est produite à partir de la clé.

Cette suite est combinée aux octets ou aux bits du message clair mi pour donner les octets ou les bits du message chiffré ci. Les plus connus sont : RC4 et RC5. L'exemple le plus répandu du chiffrement par flot est celui du **RC4** développé en 1987 par Ron Rivest pour RSA. Il est longtemps resté secret avant d'être publié, et il est aujourd'hui beaucoup utilisé, en particulier dans le protocole *SSL* ; La structure du RC4 se compose de deux parties distinctes:

- La première génère une table d'état **S** à partir de données secrètes.
- La deuxième partie de l'algorithme est le générateur de données en sortie, qui utilise la table **S** et deux compteurs.

A partir de la clé de longueur variable, par exemple 128 bits, un tableau **S** de 256 octets est initialisé et deux compteurs **i** et **j** sont mis à zéro. Pour générer un nouvel octet aléatoire, on applique les opérations suivantes:

$i = (i + 1) \bmod 256$

$j = j + S[i] \bmod 256$

Échanger S[i] ET S[j]

$t = S[i] + S[j] \bmod 256$

Retourner S[t]

b) LA CRYPTOGRAPHIE ASYMETRIQUE

Cette cryptographie utilise un système des clefs *publiques et privées* ; Le principe d'un code asymétrique (aussi appelé à clé publique) est que, contrairement au code symétrique, les deux interlocuteurs ne partagent pas la même clé. En effet, la personne qui veut envoyer un message utilise la clé publique de son correspondant. Celui-ci déchiffrera alors ce message à partir de sa clé privée que lui seul connait. On voit ici que contrairement à un codage symétrique, le chiffrement et le déchiffrement se font par des opérations complètement différentes.

Cette technique permet de répondre à la problématique du partage sécurisé des clés publiques entre des correspondants. En effet, en cas d'interception de la clé (publique) et d'un message codé par cette clé, l'intercepteur ne pourra pas retrouver le message d'origine, car il lui manque la clé privée possédée par le vrai destinataire du message codé. Ici, nous avons deux algorithmes de chiffrement asymétriques: **DSA** et **RSA** ; et l'exemple le plus connu de système cryptographique asymétrique est le système **RSA**.

RSA (1978) du nom des inventeurs *Rivest, Shamir et Adleman* est l'algorithme de chiffrement asymétrique le plus célèbre et le plus répandu. Sa fiabilité repose sur la difficulté de factoriser les grands nombres. La longueur de clé générée par RSA de **512 bits** n'est aujourd'hui plus vraiment suffisante, on lui préférera du **1024** ou du **2048 bits**.

Notons que la clé privée ne sert pas qu'à assurer la sécurité de la transmission des messages. En effet, si notre intercepteur, qui possède la clé publique, veut envoyer un message au vrai destinataire avec des intentions douteuses, comment le destinataire pourrait-il se rendre compte que l'expéditeur n'est pas l'un de ses siens (amis)?

D'où, la clé privée sert donc aussi à vérifier *l'authenticité de l'identification de l'expéditeur d'un message codé par clé publique.*

Voici ici un exemple typique illustrant l'authenticité de l'authentification de l'expéditeur:

1. Soit **A** (Anitha) l'expéditeur et **B** (Bienvenu) le destinataire d'un message *M*.

2. A possède sa clé privée **prK(A)** et une clé publique **puK(A)** qu'elle diffuse à B.

3. B possède sa clé privée **prK(B)** et une clé publique **puK(B)** qu'il diffuse à A.

4. *M* est codé par clé publique **PuK(B)**, mais ce message est distribué avec un *condensât* du message, *S*, codé par la clé privée **prK(A)**.

5. *M* est déchiffré par la clé privée de **B**. Le résultat est lisible mais il manque l'authentification de l'expéditeur.

6. *S* correspond donc en fait à la signature ou empreinte du message original, et donc de l'identifiant **A**.

7. *S* doit être déchiffré par la clé publique de **A**. Si le résultat obtenu est le même que le condensât obtenu par la fonction de hachage sur le texte en clair, calculé par **B**, alors **B** est assuré de l'authenticité du message et de l'expéditeur.

Cette méthode d'authentification utilise donc la propriété des paires de clés asymétriques. Un message codé par clé publique peut être déchiffré par une clé privée et un message codé par une clé privée (ici le condensât) peut être décodé par une clé publique.

c) LA CRYPTOGRAPHIE HYBRIDE
Cette technique a été introduite afin de profiter des avantages des deux techniques précédemment citées, c'est à dire *la rapidité de traitement des messages codés par cryptographie symétrique et la puissance du chiffrement des messages par cryptographie asymétrique.*

Le principe est aussi simple :
La communication entre **A** et **B** se fait par système cryptographique symétrique, ce qui rend la communication assez rapide à chiffrer et déchiffrer. Mais la lacune de la sécurité de transmission de la clé symétrique de chiffrement/déchiffrement est palliée par un chiffrement de cette clé, qui lui est asymétrique[12].

d) FONCTIONS DES CONDENSATIONS
Il s'agit de fonctions mathématiques dont le paramètre d'entrée est de grande taille, comme un fichier ou un paquet, mais avec un résultat très réduit en taille. La principale caractéristique de ces fonctions est qu'elles sont *difficilement inversibles*, c'est à dire qu'en cas d'interception du résultat appelé condensât, il est extrêmement difficile de retrouver le message d'origine.

Nous citons ici deux des plus utilisées:
-**MD5** (*Message Digest Algorithm 5*) qui permet de hacher les données d'entrée en renvoyant une chaîne de 128 bits. Mais quelques faiblesses ont été découvertes. Son utilisation se raréfie.

-**SHA-1** (*Secure Hash Algorithm*) publié par le gouvernement Américain, et qui renvoie une valeur de 160 bits. Il est relativement jeune, et il n'y a pas de faiblesse connue.

---

[12] Benoit Vandevelde, Panorama des algorithmes de Cryptographie, PARIS, centrale Nantes, Mars2011

1.2.2 NOTIONS SUR LE RESEAU MAN

A) LES CATEGORIES DE RESEAUX

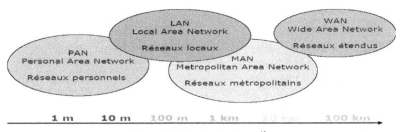

Figure 2 Catégories de réseaux[13]

-**PAN**: (Personal Area Network) réseaux personnels qui s'étendent à au plus d'1 m.

-**LAN** :(Local Area Network) réseaux locaux à haut débit; ainsi, sa bande passante peut être de quelques MGbit à des Gbits/s utilisant la technologie Ethernet comme standard.

-**MAN**: (Metropolitan Area Network) réseau Métropolitain regroupant des LAN au niveau d'une region ou d'une ville.

-**WAN**: (World Area Network) réseaux distants interconnectent les réseaux LAN et WAN à l'échelle de la planète, d'un pays, d'une région ou d'une ville .Ex: Internet

B) LE MAN
b1.Définition:
Un réseau MAN relie logiquement plusieurs réseaux locaux ; par sa spécification, un MAN est celui qui est construit comme un réseau qui sert les réseaux d'accès différents et les utilisateurs finaux à haut débit ; Il doit d'abord fournir une capacité de bande passante beaucoup plus élevée et connectivité qu'un réseau local.

Il est fédérateur des réseaux, il offre des débits élevés (>=100Mbit/s) et couvre aussi des surfaces importantes (>=100Km).D'où il peut être considéré à la fois comme:
- *Un réseau local* s'il est utilisé essentiellement pour son grand debit.
- *Réseau métropolitain* pour sa caractéristique de distance et pour son interconnection des LAN.

---

[13] https://www.supinfo.com/articles/single/5709-classification-reseaux-informatiques

Ainsi, la *fiabilité* et la *disponibilité* sont deux gros angles d'un réseau Métropolitain; en termes de conditions qui devraient reflétées la qualité du signal et la capacité du réseau pour revenir à l'état de fonctionnement même après une coupure de lien ou une défaillance d'un noeud.

Par conséquent, infrastructure MAN doit être puissante pour soutenir la convergence des voies en temps réel et trafic des données. De plus, un MAN peut être utilisé pour transmettre les trafics à partir d'une variété

d'organisation, donc la sécurité bout en bout est fortement utile pour protéger les données des clients. Et c'est ainsi qu'usuellement il devrait fournir des réseaux privés virtuels (VPN) ou réseau local virtuel (VLAN).

B2. LES TECHNOLOGIES DU MAN

Deux technologies ont longtemps dominé ce secteur à savoir: **FDDI** et **DQDB**

- **FDDI** (FIBER DATA DISTRIBUTED INTERFACE 802.8)

Conçu vers les années 80, on le considère un peu comme une évolution du réseau token ring ; En effet, il reprend la majeure partie des spécifications de la norme IEEE 802.5 et fut d'abord normalisé par l'ANSI (X3T9.5) ensuite par l'ISO(IS9314) au début des années 90. Ainsi, il se caractérise par:

- Un débit offert de 100Mbit/s.
- Méthode d'accès : jeton temporisé avec priorité.
- Il n'y a pas de station monitrice, chacune participe à la surveillance.
- Capacité de raccordement maxi établi à 500 stations sur une distance max
de 100 Km.
- Une topologie double anneau : *une primaire* pour la transmission des
données et l'autre *secondaire* en secours.

- **DQDB** (DISTRIBUTED QUEUE DUAL BUS 802.6)

Issue des laboratoires de l'université de western et Australia ; normaliser au début des années 90, par l'IEEE et ISO (8802.6) comme réseau MAN, mais cependant la norme ne précise aucune limite en distance. Il a double objectifs : *Interconnecter les LAN à 10Mbps* (Ethernet et Token Ring) et *servir des réseaux d'accès ATM* (Asynchronous Transfert Mode). Ses caractéristiques sont les suivantes:

- Utilise un double bus unidirectionnel.
- Débit : 44,155 et 622Mbit/s.
- Etendu : 150 Km

23

- La station lit ou écrit au vol les données dans une cellule, elle ne les retire pas ; la cellule disparait en fin de bus.

- Les stations sont à l'écoute de deux bus (deux points d'accès au service physique)

- Il offre le service de transfert *Asynchrone* et *Isochrone*.

1.2.3 NOTIONS SUR LE RESEAU VPN ET L'INTERCONNECTION DES RESEAUX MULTI SITES

A) LE VPN (Virtual Private Network)

Le VPN est un réseau privé virtuel qui consiste à faire transiter un protocole par l'intermédiaire d'un autre; appelé aussi *protocole de tunneling* (tunnel). En effet, il crée un chemin virtuel du client vers le serveur au travers d'un réseau public en chiffrant les communications.

Ainsi, ce réseau doit assurer:

- L'intégrité.
- L'authentification.
- La confidentialité.
- La protection contre le rejeu (gestion des clés).
- Eventuellement la compression.
- Eventuellement affecter une adresse IP au client.

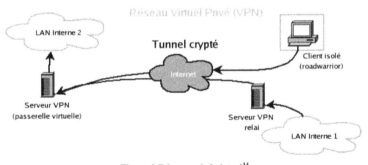

Figure 3 Réseau privé virtuel[14]

---

[14] https://repo.zenk-security.com/Protocoles_reseaux_securisation/VPN.pdf

B) LES MODELES USUELS (OSI ET TCP/IP)

B.1 LE MODELE OSI

Le modèle OSI (Open System Interconnections Model) définit en 1977 régit la communication entre 2 systèmes informatiques selon 7 niveau, les deux systèmes doivent communiquer. Mais en réseau, nous n'utilisons que les couches inférieure, jusqu'au niveau 3 et ces différents niveau sont appelés *couches*[15]. La normalisation du modèle OSI a été faite par ISO (International standard Organisation):

• *Niveau 1*(physique): elle gère les connexions matérielles et la transmission, définit la manière dont les données sont converties en signaux numériques.

• *Niveau 2*(Liaison des données): utilise les adresses Mac, à ce stade le message est appelé trame, il est constitué d'un en-tête et des informations, l'en-tête reprend l'adresse Mac de départ, celle d'arrivée plus une indication du protocole supérieur.

• *Niveau 3*(Réseau): cette couche sélectionne les routes des transports (routages) et s'occupe du traitement et du transfert des messages: gère par exemple le protocole IP ET ICMP.

• *Niveau 4*(Transport): elle s'occupe de la gestion des erreurs, notamment avec les protocols TCP/IP et UDP.

• *Niveau 5*(session): gère la gestion et coordination des communications

• *Niveau 6*(Présentation): elle met les données en forme, éventuellement le cryptage et la compression, par exemple la mise en forme de textes, images et vidéo.

• *Niveau 7*(application): elle gère le transfert des informations entre programmes, elle englobe les applications standards du réseau.

---

[15] http://www.ybet.com/introduction aux réseaux informatiques, Model OSI et TCP/IP.

Table 1 Model OSI[16]

7	Couche Application
6	Couche Présentation
5	Couche Session
4	Couche Transport
3	Couche Réseau
2	Couche Liaison
1	Couche Physique

B.2 LE MODEL TCP/IP

Le TCP/IP est un modèle qui s'inspire du modèle OSI auquel il reprend l'approche modulaire mais réduit le nombre de couches à quatre, les trois couches supérieures du modèle concret qui est imprésentable[17].

De nouveau, on regroupe à chaque niveau un en-tête, les dénominations des paquets de données changent chaque fois :

- Le paquet de données est appelé *message* au niveau de la couche application,

- Le message est ensuite encapsuler sous forme de *segment* dans la couche transport, le message est donc découper en morceau avant l'envoi pour respecter une taille maximum,

- Le segment une fois encapsulé dans la couche internet prend le nom de *datagramme*,

- Enfin, on parle de trame envoyée sur le réseau au niveau de la couche accès réseau.

➤ **La couche application**: Elle reprend l'application standard en réseau internet et informatique :

- SMTP : (Simple Mail Transport Protocol) gère le transfert de mails entre serveurs.

- POP : gère le transfert des mails entre un serveur de messagerie et un ordinateur client.

- TELNET : connexion sur une machine distante (serveur) en tant qu'utilisateur.

- FTP : permet le transfert des fichiers via internet.

➤ **La couche transport :** Elle permet le transfert des données, cette couche gère deux protocoles de transport des informations qui dépendent du type de réseau utilisé:

- UDP : il est non orienté connexion, n'assure aucun contrôle de transmission des données,

---

[16] http://benhur.teluq.uquebec.ca/SPIP/inf1160/IMG/pdf/inf1160-notionsfondamentales.pdf

[17] www.coment sa marche.fr/2013-2014.

- TCP: il est orienté connexion, il assure le contrôle des données et vérifie la bonne transmission des données par des signaux d'accusés de réception.

➤ La couche internet

Cette couche est chargée de fournir les données, elle gère la décomposition, repartition des segments[18]. Elle utilise cinq protocoles dont les trois premiers sont primordial.

- IP : gère les destinateurs de messages, adresses du destinataire;

- ARP (adresse resolution Protocol): gère les informations relatives aux erreurs de transmission, il ne corrige pas mais signale que le message contient des erreurs.

- RARP (Reserve Adresse Resolution Protocol) : gère l'IP pour des équipements réseau qui ne peuvent en récupérer automatiquement par la lecture d'information dans un fichier de configuration ou via un serveur DHCP.

- IGMP (Internet Group Management Protocol) : permet d'envoyer le même message à des ordinateurs qui font partie d'un groupe, il permet aussi à ces machines de s'abonner et se désabonner d'un groupe.

➤ La couche d'accès réseau

Cette couche spécifie la forme sous laquelle les données doivent être transmises, elle prend en charge les notions suivantes:

- type de réseau, transfert des données, synchronisation de la transmission des données ; mise en forme des données, conversion analogique/numérique pour les modems téléphoniques.

- contrôle des erreurs.

---

[18] Idem

Table 2 Modele TCP/IP[19]

APPLICATION	Telnet, FTP,Ping
TRANSPORT	TCP, UDP
RESEAU	ICMP, IP, IGMP
LIENS	Ethernet, ARP

En gros, le VPN permet de mettre deux sites en relation de façon sécurisée à très faible coût par une simple connexion Internet. Mais cela se fait au détriment des performances car le passage par Internet est plus lent que sur une liaison dédiée. Et son plus grand rôle est:

- Relier deux ou plusieurs sites distants
- Ouvrir son réseau local à ses partenaires

CHAPITRE DEUXIEME: LES PROTOCOLES SSH ET OPENSSH, PRESENTATIONS ET ROLES USUELS

2.1 HISTORIQUE

SSH fut développé en **1995** par Tatu Ylönen, un chercheur de l'université d'Helsinki, en Finlande. A la suite d'une attaque par espionnage des mots de passe dont été victime le réseau de cette université ; et un peu plus tôt, dans la même année Tatu conçu *SSH1* pour ses besoins personnels. Lorsque les versions beta commencèrent à attirer l'attention, il réalisa alors que son produit pourrait devenir aussi large qu'avant.

En **juillet 1995**, SSH1 fut proposé au public en tant que logiciel libre, avec son code source ce qui va permettre de le copier et de l'utiliser gratuitement. A la fin de cette même année, le bilan été celui de 20000 personnes dans 150 pays et Tatu repoussait 150 courrier électroniques par jour qui lui demandait un support technique ; en réponse Ylönen créa *SSH Communication Security, Ltd (SCS)*.Et jusqu'en

---

[19] http://www.lirmm.fr/~bosio/GMEE115/02-tcp-ip.pdf

28

décembre de la même année il continua à commercialiser et développer SSH dont il est resté aujourd'hui le Directeur Technique de cette société. Au cours de la même année, Ylönen documenta le protocole SSH-1 sous la forme d'un « Internet Draft » de l'IETF (Internet Engineering Task Force), qui décrit le fonctionnement de ce protocole alors que ce dernier existait déjà.

En **1996**, *SCS* introduisit une nouvelle version décisive du protocole *SSH 2.0* ou *SSH-2* qui contient des nouveaux algorithmes et est incompatible à SSH-1.En revanche, l'IETF mit en place un groupe de travail appelé SECSH (SECURE SHELL) pour normaliser le protocole et orienter son développement dans l'intérêt du public. Ce groupe de travail a soumis le premier Internet Draft pour le protocole SSH-2.0 en février **1997**.

En **1998**, *SCS* lança le logiciel « SSH Secure Shell »(SSH2), basé sur le protocole SSH- 2;Ce pendant SSH2 ne remplace pas SSH1 sur terrain, et ce pour deux raisons:
1. Certaines caractéristiques utiles et pratiques de SSH1 sont absentes de SSH2
2. La licence de SSH2 est plus restrictive.

Le *SSH1* original était rendu librement disponible par Ylönen et l'université d'Helsinki et les nouvelles versions de SSH1 produite par *SCS* ; par contre *SSH2* reste plus un logiciel commercial. La version *SSH-1* est restée toujours forte et plus utilisée même après trois ans d'apparition de SSH-2,bien que ce dernier puisse présenter une sécurité plus accrue par rapport au premier.

A la fin de l'année **2000**,*SCS* élargissait la licence de SSH2 pour autoriser une utilisation gratuite des contractants individuels travaillant pour des organisations non commerciales ; Il étend également cet usage aux systèmes d'exploitation Linux, NetBSD, FreeBSD et OpenBSD. En même temps, *OPENSSH* voit le jour et gagne l'importance comme implémentation de SSH. Il est développé sous les auspices du projet OpenBSD et est disponible sous couvert de la licence OpenBSD. Partant de la dernière version de SSH originel, la 1.2.12, OPENSSH s'est rapidement développé.

Bien que plusieurs personnes aient participées à sa création, OPENSSH est principalement l'oeuvre de *Theo de Raadt* et *Markus Friedl*16.OPENSSH supporte à la fois SSH-1 et SSH- 2 dans un unique jeu de programme. Alors que SSH1 et SSH2 ont des exécutables distincts. Bien qu'OpenBSD ait été développé sur OpenBSD, il a porté succès sur Linux, Solaris, AIX et d'autres systèmes d'exploitation en étroite synchronisation avec les versions principales. De ce fait, OPENSSH est relativement nouveau et il lui manque quelques caractéristiques de SSH1 et SSH2, mais son développement est rapide et promet d'être une déclination de SSH dans un futur proche.

A ce moment, le développement de SSH1 a cessé, sauf pour la correction des bogues importants, alors que celui du SSH2 et OPENSSH reste actif. Il sied donc de dire que les autres implémentations de SSH abondent, notamment les versions commerciales de SSH1 et SSH2, maintenueet vendue par *F-Secure Corporation*. Et à cette allure, on estime qu'il y a plus de deux millions d'utilisateurs des produits de *SCS*.

SSH1 et *SSH2* partagent en commun les options suivantes :

- Programmes clients réalisant des connections et exécutions des commandes et des copies sécurisées des fichiers en réseaux
- Serveur SSH hautement configurable
- Plusieurs Algorithmes de cryptage et de systèmes d'authentification sélectionnables
- Utilisation d'un agent de mise en cache des clés pour simplifier les accès.

SSH2 intègre plusieurs fonctions plus puissantes et complètes:

- Moteur de cryptage par chiffrement (3DES et AES)
- Utilisation d'Algorithmes de cryptage éprouvé (MAC) pour le contrôle d'intégrité
- Prise en charge des certificats à clé publique

SSH1 et ses multiples implémentations sont encore largement présents sur Internet dans la mesure où des nombreux utilisateurs ont bénéficiés d'une licence gratuite avant le lancement de SSH2 et non pas perçu les avantages vers SSH2 dont la restriction de la licence est plus ressenti.

Nonobstant cette performance de la première version du protocole, elle fut tout de même critiquée par son défaut, car elle ne vérifié pas si les données reçues étaient celles voulues et cela le rendait vulnérable à des attaques actives. Il est aussi important de notifier que la deuxième version (SSH 2) développée par l'équipe de recherche de l'IETF « secsh », sortit en **2006** ; Celle-ci est plus recommandées par rapport à la première à cause de ses méthodes d'authentification accrue et performante.

Voici quelques versions SSH retenues pour Unix:

- ➢ SSH1 1.2.30
- ➢ F-Secure SSH1 1.3.7
- ➢ OpenSSH 2.2.01.
- ➢ SSH Secure Shell (SSH2) 2.3.0
- ➢ F-Secure SSH2 2.0.13

2.2 DESCRIPTIONS

a) SSH

SSH est à la fois :

- **Un protocole** : c'est-à-dire c'est une méthode standard permettant à des machines d'établir une communication sécurisée ; ce protocole de communication sécurisée repose sur le mode client-serveur. Il en a décliné 2 versions :

• **Version 1 et version 2**: le protocole v1 possédait une faille permettant à un pirate d'insérer des données dans le flux chiffré

- **Un produit**: SSH Communications Security Inc. (V1 et V2) Initialement développé par Tatu Ylönen (payant) dernière version gratuite v1.2.12.

• **OpenSSH** du projet OpenBSD (V1 et V2) apparaît en 1999 et 2000, aujourd'hui c'est le plus utilisé Produit.

Certes, il sied quand même de dire que ce protocole « ssh» et toutes ses variétés, n'apparaissent pas comme étant une ultime solution infaillible à tous les problèmes de sécurité réseau mais, en gros il élimine la majorité des ménaces actuelles dans une plateforme où l'on est sensé effectué une connection distante via un Username et Password ; Le Shell sécurisé, SSH est une approche logicielle reconnue et puissante concernant la sécurité sur les réseaux ; Il chiffre automatiquement les données à chaque fois qu'elles sont envoyées par un ordinateur sur le réseau.

Aussi, lorsque les données atteignent leur destinataire, SSH les déchiffre toutes aussi automatiquement; ces opérations assurent un chiffrement transparent : *les utilisateurs peuvent travailler normalement, sans savoir que leurs communications sont chiffrées lorsqu'elles transitent sur le réseau*[20]. Le principal objectif de SSH est de sécuriser les transmissions réseau grâces à de technologies de cryptages et des méthodes d'authentification renforcées.

Bien que SSH signifie Shell sécurisé, ce n'est vraiment pas un véritable Shell ; Ce n'est pas un interpréteur de commandes et il n'offre pas l'expansion des caractères génériques, ni l'historique des commandes, etc. En lieu et place de tous cela, SSH crée un canal permettant d'exécuter un Shell sur un ordinateur distant, à l'instar de la commande *rsh* d'Unix, mais avec un chiffrement de bout en bout entre l'ordinateur local et la machine distante. Ainsi, quoi de plus simple qu'un utilisateur d'Unix puisse penser

---

[20] Mike loukides, SSH le Shell sécurisé, O'Reilly & Associates

déjà à ce protocole comme une forme sécurisée de commandes « R »: *rsh* (remote Shell ou Shell distant), rlogin (remote login ou connexion à distance) *et rcp* (remote copy ou copy à distance).

En fait, le SSH originel sous Unix contient des commandes portant des noms similaires, ssh, slogin et scp afin de remplacer ces commandes « R ».Ce chevauchement met plus un accent sur le fait que l'effort d'apprentissage est minimal et la sécurité est bien garantie et meilleur. D'où, étant un protocole servant à créer une connexion sécurisée entre deux systèmes, dans le SSH, un ordinateur client peut initier une connexion avec un ordinateur serveur et profiter des mesures de sécurité suivantes :

- Après avoir effectué une connexion initiale, le client peut s'assurer de se connecter au même serveur lors des sessions suivantes.
- Le client peut transmettre ses données d'authentification au serveur, telles que son nom d'utilisateur et son mot de passe, en format crypté.
- Toutes les données envoyées et reçues pendant la connexion sont transférées de façon chiffrée, ce qui les rend extrêmement difficiles à déchiffrer et à lire.
- Le client a la possibilité d'utiliser des applications X11 lancées à partir de l'invite Shell. Cette technique fournit une interface graphique sécurisée (appelée *retransmission X11*).

b) OPENSSH
OpenSSH est un ensemble d'outils de connexion réseau utilisés pour accéder à des machines distantes de façon sécurisée. Ils peuvent être utilisés comme remplaçants directs de rlogin, rsh, rcp, et telnet.

De plus, OpenSSH peut sécuriser n'importe quelle connexion TCP/IP via un tunnel ; il chiffre tout le trafic de façon à déjouer les écoutes réseau, les prises de contrôle de connexion, et aux attaques au niveau du réseau. En effet, OpenSSH (**OpenBSDSecure Shell**) est un ensemble d'outils informatiques libres permettant des communications sécurisées sur un réseau informatique en utilisant le protocole SSH. IL est à la fois une brique logicielle du système *OpenBSD* et l'implémentation SSH laplus utilisée, y compris pour *GNU/Linux*. L'équipe du projet OpenSSH maintient cependant une version multiplate-forme sous l'appellation **Portable OpenSSH.**

Ainsi, la suite logicielle OpenSSH inclut les outils suivants :
- *ssh*, un remplaçant pour rlogin et telnet: Ssh utilisateur@exemple.com
- *scp*, un remplaçant pour rcp: SCP utilisateur@exemple.com:~/roland.
- *sftp*, un remplaçant pour ftp: Sftp utilisateur@exemple.com
- *sshd*, le démon SSH: Sshd

- *ssh-keygen* programme de génération, gestion et conversion des clés.
- *ssh-agent* et *ssh-add* agent de gestion des clés privées de l'utilisateur et utilitaire qui ajoute de nouvelles clés.
- *ssh-keyscan* utilitaire de récupération de clés publiques d'hôtes distants.

2.2.1 LES FONCTIONS

-POUR OPENSSH : Etant une implémentation Libre d'SSH(distribué sous une *licence BSD*), OPENSSH implémente les fonctions suivantes :
- Chiffrement fort (3DES, BLOWFISH).
- Transfert X11(X11 forwarding, transférez l'affichage d'un serveur X situé sur une machine A vers une machine B à travers un tunnel SSH.
- Transfert de port (port forwarding, "transférez un port" d'une machine vers une autre via un tunnel SSH).
- Authentification forte (clé publique, mot de passe à usage unique avec s/key, Kerberos) A partir de la version 2.5 un démon SFTPD supporte totalement SFTPD (la version sécurisée de FTP).
- Compression des données (bien utile en cas de connexion lente, via un modem par exemple).

-POUR SSH : L'interception de paquets, la mystification DNS et IP, ainsi que la diffusion de fausses informations de routage ne sont que quelques exemples des menaces qui planent lors des communications en réseau.

En d'autres termes, nous pourrions catégoriser ces menaces de la façon suivante :
- *Interception d'une communication entre deux systèmes* : ce scénario implique la présence d'un troisième élément quelque part sur le réseau entre les deux systèmes connectés qui copie l'information échangée entre eux. Celui-ci peut copier et garder l'information ou alors la modifier avant de l'envoyer au destinataire prévu.
- *Usurpation de l'identité d'un hôte* : grâce à cette technique, un système intercepteur prétend être le destinataire désiré d'un message. Si cela fonctionne, le client ne s'en rend pas compte et continue de lui envoyer toute l'information, comme s'il était connecté au bon destinataire.

L'utilisation du protocole SSH c'est pour effectuer une connexion *Shell* à distance ou copier des fichiers permettant de faire diminuer sensiblement ces menaces à la sécurité. La signature numérique d'un serveur fournit la vérification pour son identité. En outre, la communication complète entre un système client et un système serveur ne peut être utilisé si elle est interceptée car tous les paquets sont chiffrés. De plus, il n'est pas possible d'usurper l'identité d'un des deux systèmes, parce que les paquets sont chiffrés et leurs clés ne sont connues que par les systèmes local et distant. Un serveur peut aussi tirer parti du protocole SSH, particulièrement s'il exécute de nombreux services. Si nous utilisons la *retransmission de port*, des protocoles normalement non sécurisés (comme POP par exemple) peuvent être chiffrés et envoyés en toute sécurité à des ordinateurs distants. Il est relativement facile avec SSH de crypter différents types d'informations échangées lors des communications qui sont habituellement envoyées de manière non sécurisée sur les réseaux publics[21].

-Les avantages du protocole (ssh):

➢ **Sécurisation des connexions distantes :** Telnet et les commandes de type « r » transmettent en clair les noms d'utilisateur et mots de passe qui peuvent donc être facilement interceptés.SSH est un substitut transparent de Telnet et rlogin permettant de s'identifier au serveur distant par une connection cryptée et de sécuriser l'ensemble de la session sans que l'utilisateur s'en rende compte de la différence.

➢ **Sécurisation des commandes à distances :** SSH crypte toutes les commandes circulant en réseau pour tous les ordinateurs différents des administrateurs systèmes qui ont couramment besoin d'activer une même commande de type « r ».

➢ **Sécurisation des transferts des fichiers :** Le protocole ftp est couramment utilisé pour le transfert des fichiers ; C'est l'outil communément usuel pour transmettre des gros fichiers (> à 5Mo) qui ne sont pas insérables dans les emails ; il présente deux avantages: Sa rapidité et sa gratuité. Cependant, il souffre de plusieurs limitations :Il lui est difficile à automatiser et ne crypte pas les échanges par Internet entre ordinateurs ; comparativement, SSH présente des nets avantages en permettant d'automatiser ces transferts des fichiers, d'assurer leur cryptage/décryptage entre émetteur et récepteur d'établir une authentification renforcée.

➢ **Sécurisation de l'administration à distance :** Etant plus utilisé pour l'administration et l'accès à distance au serveur Unix, Telnet présente des avantages tels sa gratuité, sa simplicité et l'absence de configuration. Mais ses limites sont telles qu'il n'offre aucune protection contre le vol ou piratages de mot de passe et gère les authentifications en texte clair. Et c'est ici que SSH vient porter encore une fois secours à travers diverses methods d'authentification et assure la tunnelisation automatique du trafic réseau des applications graphiques X11 Windows système.

➢ **Contrôle d'accès :** SSH permet aux utilisateurs d'accorder à d'autres l'accès à leur compte réseau pour réaliser des opérations spécifiques sans mots de passe ni privilège d'administration système.

➢ **Redirection des ports (Tunnelisation) :** Permet au trafic TCP/IP non sécurisé d'être acheminé via une connexion SSH et couvre les connexions POP3, SMTP et HTTP. C'est grâce à cette technologie de redirection des ports que des protocoles intrinsèquement peu surs peuvent être protégés simplement et économiquement.

➢ **Clé et Agent :** Tout utilisateur possédant des plusieurs comptes d'accès à plusieurs ordinateur réseau doit mémoriser et saisir autant de mot de passe ; ceci est un procédé fastidieux et même risqué. La fonctionnalité d'authentification à clé publique résout ces problèmes à l'aide d'un jeu unique de bits permettant de certifier que le client SSH est bien celui qu'il prétend être. Le jeu de clé peut être créé avec le générateur SSH (ssh-Keygen). La clé privée, qui doit rester secrète, représente l'identité de l'utilisateur pour les connexions *SSH* sortantes ; la clé publique symbolise son identité pour les connexions entrantes sur son compte d'accès. Ces clés et l'agent d'authentification SSH facilitent les tâches des utilisateurs et des administrateurs.

2.2.2 TECHNIQUES DE PIRATAGE (LE HACKING)

A ce niveau nous allons présenter d'une manière condensée les différentes stratégies et techniques employées par les pirates pour subtiliser des données en transit sur une plateforme réseau et aussi souligner les méthodes de SSH mises sur pied pour les contrecarrer ; Elles sont nombreuses et éparses, mais en voici quelques-unes:

a) L'ECOUTE

Des outils de piratage sont aisément disponibles sur Internet: tous les systèmes UNIX sont livrés avec des outils d'analyse réseau et de capture des paquets ; les ordinateurs Windows peuvent bénéficiés des fonctions d'outils tels que SessionWall® pour stocker le trafic dans différents repertoires afin de visualiser les e-mails et mots de passe ou de surveiller la navigation Internet et les sessions terminal. Ainsi, ces systèmes « d'écoute » permettent de lire le trafic réseau non crypté sans que l'expéditeur ni le destinataire ne le sachent.

Les analyseurs peuvent notamment récupérer des mots de passe, des noms d'utilisateur - et plus généralement toute donnée non cryptée. Même en cas de cryptage du mot de passe, les pirates peuvent capturer les informations personnelles transmises en clair après la validation du mot de passe. *SSH* protège contre les technologies d'écoute en cryptant l'intégralité des données pour les rendre inintelligibles aux éventuels pirates.

b) MYSTIFICATIONS DNS ET IP

La mystification DNS (Domain Name System) consiste à « forcer » un serveur DNS à accepter des informations erronées provenant d'un hôte n'ayant aucune autorité sur ces informations ; par exemple, pour accéder aux e-mails du site ou rediriger les utilisateurs vers de mauvaises pages Web. D'après magazine « Information Security »19 une entreprise sur trois présentes sur Internet reste vulnérable à l'espionnage par mystification DNS.

Et l'usurpation d'adresse IP est une autre technique consistant à obtenir l'accès à un ordinateur en envoyant un message contenant l'adresse IP d'un hôte fiable. Cette méthode exige quelques développements mais se révèle une technique d'espionnage très efficace. Mais SSH préserve de ses attaques à travers l'authentification cryptographique d'identité serveurs hôtes dans laquelle le client SSH valide chaque session la clé hôte du serveur par rapport à une liste locale de clés disponibles (associées à des noms et adresses de serveurs). Si les clés ne correspondent pas, une alerte immédiate est émise.

c) PIRATAGE DE CONNEXION

Un attaquant peut également déconnecter des utilisateurs de leur connexion TCP pour la pirater par (mystification des paquets TCP) et rester actif pour écouter le trafic réseau et voire injecter son propre trafic dans les transmissions piratées. Avec cette méthode le pirate intercepte les échanges de paquets entre client et serveur pour obtenir l'adresse IP de l'hôte et ses numéros de ports pour usurper les paquets TCP/IP. Ce type d'attaque peut se révéler dévastateur quelle que soit la puissance des méthodes d'authentification.

A ce niveau, SSH ne peut pas lutter contre les pirates exploitant une faille inhérente à la couche TCP mais peut rendre leurs activités inefficaces grâce à son processus de contrôle *d'intégrité*. D'où si une session est modifiée pendant la transmission, SSH coupe immédiatement la connexion sans utiliser les données corrompues. Et ici SSH2 utilise les puissantes fonctions de hachage cryptographique *MD5* et *SHA-1* pour contrôler l'intégrité.

d) INSERTION

Dans les attaques d'insertion ou de répétition, un pirate identifie un paquet de données contenant une commande spécifique qu'il exécute à nouveau en cours de session pour son propre compte. Comme pour le piratage des connexions TCP, les attaques d'insertion peuvent introduire des données altérées dans les flux réseau ; mais pour ces dernières, l'insertion est cryptée et envoyée au client ou au serveur pour le décryptage ; La version commerciale F-Secure SSH2, utilise de puissants contrôles d'intégrité cryptographiques (SHA-1 et MD5) pour contrer ces telles attaques par insertion.

e)INTERPOSITION

Les attaques en interposition consistent pour un pirate à s'installer entre le client et le serveur pour se faire passer pour l'un auprès de l'autre et réciproquement. Après qu'un client a été authentifié par un serveur et qu'il a obtenu un accès, l'attaquant peut connaître les ports et numéros de séquences utilisés pour la transmission afin d'intercepter le trafic, de le lire et de capturer ou effacer des données ; Le pirate partage la clé de session avec l'utilisateur légitime, trompant simultanément le client et le serveur qui pensent être connectés l'un à l'autre.

Ainsi, un pirate situé sur un réseau entre l'utilisateur et la machine distante a la possibilité d'écouter le trafic, c'est-àdire d'utiliser un outil appelé sniffer capable de capturer les trames circulant sur le réseau et ainsi d'obtenir l'identifiant et le mot de passe d'accès à la machine distante.

Et ici, SSH utilise deux méthodes contre les attaques d'interposition :

➢ La première réside dans l'authentification du serveur hôte. L'attaquant ne disposant pas de la clé hôte privée du serveur, il doit « forcer les portes » du serveur hôte. Pour que cette protection soit totalement efficace, le client doit comparer la clé hôte publique fournie par le serveur à sa proper liste d'hôtes connus.

➢ La seconde limite la vulnérabilité des méthodes d'authentification en utilisant des clés publiques et certificats numériques résistants aux attaques en interposition contrairement aux mots de passe.

Voici une figure illustrative pour une attaque par interposition:

Table 3 Attaque par interposition[22]

True Client
Machine

True Server
Machine

SSH
CLIENT

SSH
SERVER

SSH Encrypted Data

Fake
Server

Fake
Client

Attacker

Unencrypted Data
Exposed

2. 3 LES EXIGENCES POUR UN PROTOCOLE DE SECURITE

Pour qu'un protocole soit *protocole de sécurité*, il doit impérativement remplir plusieurs conditions ou encore des critères qui devraient se rattachés à son champs d'exécution et d'implémentation ; ces critères sont nombreux, mais quelques-uns sont restés inexpugnables et même immuables par le simple fait qu'ils déterminent un réseau qui voudrait être sécuritaire.

Ainsi, nous citons :

• **L'intégrité** : garantie que les données ne seront pas altérées ou modifiées au sein d'un transfert dans le réseau.

• **La confidentialité** : seules les personnes autorisées ont accès aux ressources échangées.

• **La disponibilité** : maintient le bon fonctionnement du système d'information 24h/24h.

• **La non répudiation** : permet de garantir qu'une transaction ne peut être niée. C'est le fait que l'émetteur d'un message ne puisse donc pas nier l'avoir envoyé et le récepteur l'avoir reçu.

• **L'authentification** : consiste à assurer que seules les personnes autorisées ont accès aux ressources par la mise en place d'un mot de passe.

---

[22] https://weendu.com/docs/files/doc_20141123152332.pdf (Man in the middle)

• **Le choix des mécanismes cryptographiques** : dans la plupart des protocoles de sécurité, on peut diviser la cryptographie en deux grandes catégories qui dépendent de *la phase d'initialisation du protocole* et de *la phase de protection de données.*

• **La gestion des clés** : pour être efficace, tout système de chiffrement doit reposer sur des méthodes fiables et robustes pour la gestion des clés.

2.4 SSH ET LES TECHNIQUES APPARENTEES

Le monde protocolaire, la sphère sécuritaire et plateforme réseau ont vu voire naitre non pas seulement le protocole SSH ; Il convient donc de dire qu'avant ou après SSH, il y a des protocoles qui ont de près ou de loin inspiré les pères du « SSH » et qui paraissent même de fois comme alternatif du point de vue pragmatique et usuel. Il y eut beaucoup, et même toute une gamme, nous allons présenter cidessous quelques-uns :

2.4.1 IPSEC

Introduit en 1988, IPSEC est un protocole développé et mis sur pied pour résoudre les problèmes de sécurité réseau dans tous les contextes possibles ; Ainsi, il prétend être aujourd'hui à la première place. Celui-ci assure le cryptage et l'authentification au niveau de la couche IP (Hôte à Hôte).Il s'agit essentiellement de la fonction IPV6, la prochaine génération du protocole Internet.

Le protocole retenu par l'IETF pour assurer la gestion des associations de sécurité dynamique s'appelle IKE (Internet Key Exchange)[23].Les avantages d'IPSEC résident dans tous le cryptage de trafic réseau, son positionnement en tant que standard et dans son implémentation par des nombreux éditeurs. IPSEC peut fournir une authentification seule, via un mécanisme appelé **AH** (*Authentification Header*), ou une authentification et un chiffrement via un protocole **ESP** (*Encapsulated Security Payload*).

Mais il présente aussi des nombreux inconvenient; il regroupe un ensemble des protocoles techniquement complexes et difficiles à configurer, il est couteux à installer dans les grandes entreprises, il nécessite des ressources significatives de support et de formation ; prend en charge un nombre limité de plateforme et ne fournit qu'un faible niveau d'authentification des utilisateurs. Conçut pour devenir un véritable « couteau suisse » de la sécurité sur Internet, malheureusement le sujet est trop vaste (Multicast, Voip, etc…) trop nombreuses pour une seule solution.

Ainsi, les services offerts par ce protocole (Ipsec) sont divers mais quelques-uns sont majeurs:

• Authentification des extrémités

---

[23] HARKINS (D.) et CARREL (D.). – The Internet Key Exchange (IKE). IETF RFC 2409 (nov. 1998).

- Confidentialité des données échangées

- Authenticité des données

- Intégrité des données échangées

- Protection contre les écoutes et analyses de traffic

- Protection contre le rejeu

Ipsec permet:

- La mise en place de VPN

- Sécuriser les accès distants (Utilisation nomade)

- Protection d'un serveur sensible

Deux modes d'exploitation d'Ipsec:

➢ **Transport:** Protège juste les données transportées (LAN)

➢ **Tunnel** : Protège en plus l'en-tête IP (VPN)

FIGURES ILLUSTRATIVE:

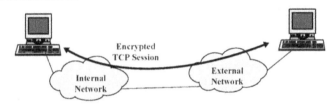

Figure 4 Mode transport IPSEC[24]

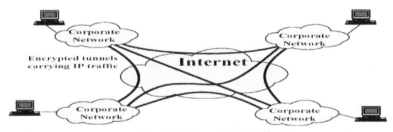

Figure 5 Mode tunnel IPSEC[25]

[24] http://www.csc.kth.se/utbildning/kth/kurser/DD2495/natsak08/anteckningar/files/09_ipsec.pdf

[25] http://www.csc.kth.se/utbildning/kth/kurser/DD2495/natsak08/anteckningar/files/09_ipsec.pdf

Par rapport au SSH, IPSEC met en oeuvre des interventions techniques sur la couche inferieure qui, elles arrivent même à stopper les attaques au niveau TCP/IP. SSH lui, propose une meilleur authentification des utilisateurs, prend en charge un plus grand nombre de plateformes et ne nécessite aucune configuration ; C'est un standard de fait, robuste et directement opérationnel. Les différents produits SSH fonctionnent bien entre eux.

2.4.2 SSL/TLS

SSL (Secure Socket Layer) est un protocole à négociation (on parle du « handshake » SSL), développé à l'origine par Netscape en 1994. Il a pour but de sécuriser les transactions Internet, par authentification du client (un navigateur la plupart du temps) et du serveur, et par chiffrement de la session.

La sécurisation des connexions à l'aide du protocole SSL doit assurer que :

- La connexion assure la confidentialité des données transmises
- La connexion assure que les données transmises sont intègres
- L'identité des correspondants peut être authentifiée
- La connexion est fiable

La version 2.0 vient de Netscape et la version 3.0, qui est actuellement la plus répandue, a reçu les contributions de la communauté internationale en 1996. *TLS* (Transport Layer Security Protocol), développé par l'IETF, est la version 3.1 de SSL. SSL ne dépend pas des applications utilisées lors des transactions et s'applique sous les protocoles HTTP, FTP, Telnet... etc. Ainsi, clients et serveurs commencent par s'authentifier mutuellement, puis négocient une clé symétrique de session qui servira à assurer la confidentialité des transactions. L'intégrité de ces dernières est assure par l'application de HMAC (Hashed Message Authentification Code).

a) UTILISATION

SSL ou *Secure Socket Layer*, permet l'accès sécurisé à un site web ou à certaines pages d'un site web. Ces connexions se différencient par des connexions "*normales*" c'est à dire non sécurisées, par le fait que l'adresse n'est plus "http:// " mais "https:// ", où le **s** indique sécurisé. Il y a deux manières de vérifier si le site visité est sécurisé; d'une part en essayant de s'y connecter avec l'adresse *https* qui dans le cas où le site dispose d'une connexion sécurisée permettrait la connexion avec le site. Et d'autre part en vérifiant si le cadenas figurant à droite de la barre d'état d'un navigateur est fermé.

Voici une page web illustrative:

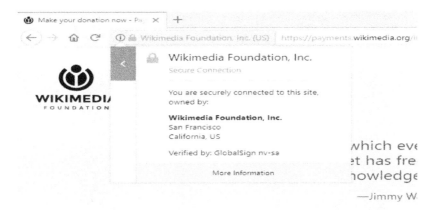

Figure 6 Connexion sécurisée avec https[26]

Https est une extension pour navigateur web qui permet d'étendre l'usage du SSL/TLS sur certains sites. Elle active donc le SSL sur les pages où ce protocole est normalement désactivé. Ceci ne peut évidemment fonctionner que si le site en question supporte déjà le SSL. L'extension est maintenue conjointement par le projet Tor et l'EFF depuis 2010[27].

En effet, SSL est très largement adopté par les messageries existantes comme: Qualcomm Eudora 5.1r, Microsoft Outlook, entre autre, toutes supportent les connexions *SSL* sur leurs serveurs ; SSL se situe au sommet de la couche TCP/IP, et au-dessous de la couche d'application. Pour mettre en place une connexion SSL, il faut d'abord établir une connexion TCP/IP; car, SSL utilise certaines "*primitives*" de TCP/IP. Ainsi SSL peut être vu comme un canal sûr au sein de TCP/IP, où tout le trafic entre deux applications "*peer to peer*" est échangé de manière cryptée. Tous les appels de la couche d'application à la couche TCP, sont remplacés par des appels de l'application à SSL, et c'est SSL qui se charge des communications avec TCP.

De ce fait, SSL comporte **3 fonctions** :

---

[26] https://en.wikipedia.org/wiki/HTTPS

[27] « Encrypt the Web with the HTTPS Everywhere Firefox Extension » [archive], *eff.org*, 17 juin 2010.

➤ Authentification du serveur : Qui permet à un utilisateur d'avoir une confirmation de l'identité du serveur. Cela est fait par les méthodes de chiffrement à clés publiques qu'utilise SSL. Cette opération est importante, car le client doit pouvoir être certain de l'identité de son interlocuteur à qui par exemple, il va communiquer son numéro de carte de crédit.

➤ Authentification du client : Selon les mêmes modalités que pour le serveur, il s'agit de s'assurer que le client est bien celui qu'il prétend être.

➤ Chiffrement des données: Toutes les données qui transitent entre l'émetteur et le destinataire, sont chiffrées par l'émetteur, et déchiffrées par le destinataire, ce qui permet de garantir la confidentialité des données, ainsi que leur intégrité grâce souvent à des mécanismes également mis en place dans ce sens.

SSL est un protocole qui utilise différents algorithmes de cryptographie afin de garantir "la sécurité", au travers de l'authentification avec des certificats, des sessions d'échanges des clés d'algorithmes, de l'encryptage, et de la vérification de l'intégrité des données. Le cryptage SSL, fonctionne par le choix aléatoire de *deux nombres premiers*, qui multipliés entre eux forment un très grand nombre ; Ce dernier constitue la clé de cryptage. Sans la connaissance des deux nombres premiers ayant servis à générer cette clé, il n'est pas possible de pouvoir décrypter un message. En réalité une manière possible serait de défactoriser le nombre afin de retrouver les deux nombres premiers, mais les nombres sont tellement grands, que cela n'est pas à la portée d'ordinateurs conventionnels.

b) PROBLEMES TECHNIQUE DU SSL

Malgré toutes ses supériorités, *SSL* souffre quand même bien des problèmes techniques d'ordre intrinsèques qui paraissent divers. Nous présentons ici, ceux qui le font amoindrir. Les navigateurs qui par exemple sont des applications incluant nativement ce protocole « SSL », peuvent poser problème. En effet lorsqu'un certificat expire, le client reçoit un message, et il doit aller manuellement chercher un nouveau certificat. Dans certains pays, les navigateurs peuvent être soumis à des restrictions gouvernementales. De plus dans SSL tout se base sur la relation de confiance qu'il y entre le navigateur, et l'autorité de certification (CA).

En effet, si une de ces autorités qui émettent les certificats, le fait pour un site dont les objectifs ne sont pas honnêtes, et bien ce certificat sera considéré par les navigateurs comme tout ce qu'il y a de plus réglementaire.

- *Problèmes lié au client SSL(Le navigateur)*

Les navigateurs n'ont pas (encore) de fonctionnalités évoluées de gestion des clés : Les certificats ne peuvent par exemple pas être automatiquement renouvelés et l'historique des clés n'est pas conservé. Quand un certificat expire, l'utilisateur reçoit un message et doit obtenir manuellement un nouveau certificat, ce qui n'est pas forcément trivial pour un utilisateur lambda. Ces problèmes seront probablement résolus lorsque les navigateurs deviendront des clients de PKI à part entire

- *Le protocole SSL ne prévoit pas de vérification systématique des CRL*

Lorsqu'un serveur Web présente un certificat, le navigateur en vérifie sa validité ; cela consiste pour lui à :

- Vérifier que les dates de validité sont valides.
- Vérifier que la signature appliquée au certificat est valide.

Mais le protocole SSL n'impose pas qu'un certificat ne soit utilisé que suite à la consultation de la CRL qui lui correspond. Un serveur Web peut donc présenter aux navigateurs un certificat révoqué. Netscape 6 permet de vérifier automatiquement les CRL, grâce au protocole OCSP (Online Certificate Status Protocol, désactivé par défaut...) La vérification manuelle des CRL est laborieuse et quasiment jamais faite.

c) SSH ET SSL POUR LE MAIL

A ce niveau, on a d'un côté SSL qui est nativement dans les messageries utilisées, alors que SSH requiert qu'on l'installe. Ainsi les avantages de SSL sur SSH sont les suivants :

- SSL est implémenté dans la messagerie, l'e-mail du client, ce qui garantit une configuration et fiabilité dans le temps meilleure.
- Authentification du serveur e-mail, uniquement la première fois, il n'y a pas besoin de charger à chaque fois le certificat du serveur jusqu'au client.
- Peut-être le principal avantage, est le fait que SSL est beaucoup plus largement utilisé que SSH, et il est de plus en plus intégré aux nouveaux logiciels.

d) CONCLUSION (partielle) :

Il sied quand même de signaler qu'actuellement, SSH et SSL sont largement utilisés. Des nombreuses implémentations de SSH offre un confort et une palette d'outils pour l'administration de sites, connexions distantes plus sécurisées ; Il est préférables d'utiliser SSL pour les emplois décrits ci-haut, à savoir la messagerie, le e-commerce, qui sont des applications qui mettent en contact un très grand nombre de personnes, et pour lesquelles le mécanisme de certificats mis en place dans le navigateur coté client, et sur les serveurs de l'autre côté, fonctionne passablement bien.

2.4.3 SRP

Le protocole SRP (*Secure Remote Password*), créé à l'université de Stanford, est un protocole de sécurité dont le champ d'action est très différent de celui de SSH. Il s'agit exclusivement d'un protocole d'authentification, alors que SSH intègre l'authentification, le chiffrement, l'intégrité, la gestion des sessions, etc. comme un tout.

En lui-même, le SRP n'est pas une solution de sécurité complète, mais plutôt une technique pouvant faire partie d'un système de sécurité. Le but de la conception de SRP est d'améliorer la sécurité de l'authentification par mot de passe, tout en gardant ses avantages pratiques considérables. SRP satisfait aux exigences les plus strictes établies dans la [RFC1704] pour un protocole d'authentification sans divulgation[28]. L'utilisation de l'authentification par clé publique de *SSH* est difficile lorsque l'on voyage, notamment si l'on ne se déplace pas avec son ordinateur personnel et que l'on doit utiliser les machines d'autres personnes. On doit avoir sa clé privée sur une disquette et espérer que l'on pourra utiliser la clé quelle que soit la machine mise à disposition.

a) SERVICES DU SRP

SRP propose une authentification mutuelle forte en deux parties, où le client a simplement besoin de se rappeler d'un mot de passe court, qui ne doit pas être nécessairement très aléatoire. Avec les schémas de mots de passe traditionnels, le serveur gère une base de données sensible qui doit être protégée, contenant les mots de passe eux-mêmes, ou des versions hachées de ceux-ci (comme c'est le cas pour Unix avec les fichiers */etc/passwd* et */etc/shadow*). Ces données doivent être tenues secrètes, car leur découverte permettrait à un attaquant d'usurper l'identité d'un utilisateur ou de découvrir les mots de passe avec une attaque par dictionnaire. La conception de SRP évite une telle base de données et permet aux mots de passe d'être moins aléatoires (donc plus aisément mémorisables et utiles) car elle empêche les attaques par dictionnaire.

Le serveur a toujours des données sensibles qui doivent être protégées, mais les conséquences de leurs découvertes sont moins dramatiques. SRP est également intentionnellement conçu pour fonctionner en évitant d'utiliser des algorithmes de chiffrement. Cela évite donc d'entrer en conflit avec les lois d'exportation de la cryptographie, qui interdit que certaines technologies soient partagées avec des pays étrangers. SRP est une technique intéressante qui, nous l'espérons, obtiendra une plus grande audience; c'est un excellent candidat comme méthode d'authentification supplémentaire de SSH. L'implémentation

---

[28] [RFC1704] N. Haller et R. Atkinson, "Authentification sur l'Internet", octobre 1994. (Information)

actuelle de SRP comprend des clients et des serveurs sécurisés Unix et MS-Windows pour les protocoles Telnet et FTP.

2.5 INCONVENIENTS DU SSH

Etant costaud et même développé, le protocole SSH est devenu plus fort et plus puissant depuis déjà environ deux décennie arrière jusqu'à ce jour ; Ainsi, le plus célèbre de ses implémentations, OPENSSH lui a aussi rajouté depuis son essence une multiplicité d'options ; cependant, comme tout autres protocole, SSH et toutes ses variétés accusent aussi des faiblesses et même des défaillances usuelles dans son pragmatisme courant. SSH est sans défense quand un attaquant à obtenu un accès racine à la machine car, dans ce cas il peut déstabiliser le protocole pour le rendre inopérant. Les situations et réalités ci-dessous illustrent les attaques et positions susceptibles de miner la sécurité des réseaux, en dépit de la présence du *SSH*.

- Les attaques IP et TCP : SSH opère au-dessus de protocoles TCP et IP ce qui le rend vulnérable aux attaques contre les points faibles de ces deux protocoles et impuissant face à celles s'exerçant sur le réseau: refus de service, routage de données sur destination imprévues, etc...

- Analyse de traffic :Même si SSH contrôle et empêche la lecture du trafic réseau, de multiples informations peuvent être observées par un pirate potentiel (charge trafic, destination, heure, etc.) pour identifier les transactions, les horaires de sauvegarde ou le meilleur moment de la journée pour lancer une attaque en refus de service. Le trafic SSH est facile à reconnaître et habituellement destiné au port bien connu n°22. Ce risque peut être réduit en générant un flux constant de trafic, que le réseau soit actif ou non pour interdire à des observateurs mal intentionnés de déceler le « vrai » trafic.

- Canaux clandestins :Les canaux clandestins véhiculent les données de façon imprévisible et discrète ; A titre illustrative, lorsqu'un collaborateur disposant des prérogatives restreintes d'utilisation d'e-mail peuvent communiquer les uns avec les autres en insérant des messages dans leurs répertoires d'accueil. Ce traffic inattendu est très difficile à éliminer pour un administrateur système. SSH ne peut agir contre ces canaux clandestins et peut lui-même en constituer un en utilisant la longueur des paquets pairs/impairs pour simuler les points et traits du Morse.

CHAPITRE TROISIEME: IMPLEMENTATION D'OPENSSH DANS UN MAN

3.1 L'INSTALLATION

Nous choisissons à ce niveau Debian comme distribution linux; Avec celle-ci, les commandes et paramètres sont presque similaires à toute autre distribution linux et aussi, elle prête plus compréhension en termes d'outils d'administration réseau. En effet, il est très simple d'installer OpenSSH par la commande ci-dessous:

Homeserver (client): ~# apt-get install OpenSSH server ou client

La procédure d'installation dure quelques secondes au cours desquelles le serveur et le client OpenSSH sont installés. Une fois terminée, tout est prêt pour pouvoir commencer à travailler.

3.2 CONFIGURATION SEVEUR/CLIENT OPENSSH

Le programme *OpenSSH* est la version libre du *client* et du *serveur* ssh ; Et SSH sur GNU/Linux est généralement composé de *3 packages* :

-*OpenSSH général, (OpenSSH)*,

-*le serveur OpenSSH (OpenSSH-server)*

-*le client (OpenSSH-clients)*.

Les packages OpenSSH requièrent le paquetage OpenSSL (openssl) et il sied de dire aussi que la taille normale du paquet openssh varie de 279,2 Ko à 349,2 Ko comprenant une liste des fichiers qui une fois installé occupent un espace maximal à 1082,0 Ko. Le fichier de configuration du serveur est **/etc/ssh/sshd_config**. A ne pas confondre avec le fichier **/etc/ssh/ssh_config**, qui est le fichier de configuration du client SSH. Et les lignes les plus importantes de ce fichier de configuration sont:

- **Port 22**

Signifie que le serveur SSH écoute sur le port **22**, qui est le port par défaut de SSH. Nous pouvons le faire écouter sur un autre port en changeant cette ligne.

- **Protocole 2**

Signifie que le serveur SSH accepte uniquement la version 2 du protocole SSH. C'est une version plus sécurisée que version 1 du protocole. Si nous voulons que le serveur accepte les deux protocoles, nous devrons changer la ligne en : **Protocole 2,1**

- **PermitRootLogin yes**

Signifie que nous pouvons ouvrir une connexion SSH en tant que **root** ; Nous pouvons changer et mettre

"*no*", ce qui signifie que pour être connecter en **root** à distance, nous devrons d'abord nous connecter par

SSH en tant que simple utilisateur, puis utiliser la commande **su** pour devenir root. Si on modifie le

fichier de configuration du serveur, il faut lui dire de relire son fichier de configuration:

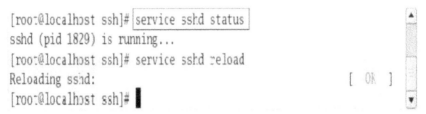

Figure 7 PermitRootLogin "Travail de l'auteur"

Les informations spécifiques à l'utilisateur se trouvent dans le répertoire ~/.ssh Le fichier de configuration

du client est : **/etc/ssh/ssh_config**. Et L'hôte distant doit avoir un serveur **ssh**, nommé **sshd**, qui permet la

connexion.

3.3 LES AUTHENTIFICATIONS
Il existe trois méthodes d'authentification via **ssh** :

3.3.1 AUTHENTIFICATION PAR MOT DE PASSE
C'est la méthode qui parait la plus simple et la syntaxe pour se connecter à un serveur distant est :

Client:~# ssh -l user serveur.exemple.com ou client:~# ssh user@serveur.exemple.com

Si l'utilisateur *local* et *distant* ont le même nom, il n'est pas utile de spécifier **user**. La ligne de commande

devient alors :

Client:~# ssh serveur.exemple.com ou encore l'IP

```
[root@localhost ~]# ssh 192.168.189.128
The authenticity of host '192.168.189.128 (192.158.189.128)' can't be established.
RSA key fingerprint is e6:4d:7b:e4:cd:69:5e:6f:13:fc:24:5f:c3:7d:97:c7.
Are you sure you want to continue connecting (yes/no)? yes
Warning: Permanently added '192.168.189.128' (RSA) to the list of known hosts.
root@192.168.189.128's password:
Last login: Sun Sep 30 19:40:47 2007 from 192.163.189.128
[root@localhost ~]#
```

Figure 8 Authentification par mot de passe "Travail de l'auteur"

Lors de la première connexion à un serveur, le client ssh avertit que l'identité de ce serveur ne peut pas être vérifiée. C'est normal car il ne le connait pas encore. Il demande alors une confirmation. Après confirmation, le client ssh ajoute l'empreinte de la clé (**key fingerprint**) dans le fichier **~/.ssh/known_hosts** de la machine cliente **client.domaine.com**. Par exemple si l'utilisateur est **root** et que le PC client fonctionne sous linux, le fingerprint du serveur sera ajouté au fichier "**/root/.ssh/known_hosts**".

Maintenant, on peut se connecter au serveur distant avec la commande ssh root@serveur.exemple.com (si on veut utiliser le compte root). Pour être sûr que nous nous connectons au bon serveur, nous devons connaître de façon certaine le **fingerprint** de sa clé publique et la comparer à celle qu'il nous affiche. Si les deux **fingerprints** sont identiques, on répond *yes*, et la clé publique du serveur est alors rajoutée au fichier ~/.ssh/known_hosts

Si nous nous sommes déjà connecté depuis ce client vers le serveur, sa clé publique est déjà dans le fichier **~/.ssh/known_hosts** et il ne nous demande donc rien. Ensuite, on rentre le mot de passe et on verra apparaître le prompt, comme lors d'une connexion locale.

```
Client:~# ssh root@serveur.exemple.com
Password: ********
Last login: Sun Dec 10 15:17:44 2006 from 192.168.189.128
Client:~#
```

49

3.3.2 AUTHENTIFICATION PAR BI-CLES (paires des clés)

Si on se connecte fréquemment sur un serveur, il peut être pénible de rentrer le mot de passe à chaque fois. On va donc créer une paire de clés privée/publique et on va configurer le serveur pour qu'il nous reconnaisse automatiquement grâce à notre clé publique et ne nous demande plus de mot de passe. Pour générer un couple de clés **DSA**, on tape :

```
[root@localhost ~]# ssh-keygen -t dsa
Generating public/private dsa key pair.
Enter file in which to save the key (/root/.ssh/id_dsa):
Enter passphrase (empty for no passphrase):
Enter same passphrase again:
Your identification has been saved in /root/.ssh/id_dsa.
Your public key has been saved in /root/.ssh/id_dsa.pub.
The key fingerprint is:
99:40:9d:c0:c4:06:85:fc:89:21:60:f2:fe:17:1e:ee root@localhost.localdomain
[root@localhost ~]#
```

Figure 9 Authentification par clés DSA "Travail de l'auteur"

Pour générer un couple de clés **RSA**, on tape:

```
[root@localhost ~]# ssh-keygen -t rsa
Generating public/private rsa key pair.
Enter file in which to save the key (/root/.ssh/id_rsa):
Enter passphrase (empty for no passphrase):
Enter same passphrase again:
Your identification has been saved in /root/.ssh/id_rsa.
Your public key has been saved in /root/.ssh/id_rsa.pub.
The key fingerprint is:
7f:28:df:1b:6a:bf:33:ef:e5:86:ee:cc:97:89:ba:32 root@localhost.localdomain
[root@localhost ~]#
```

Figure 10 Authentification par clés RSA "Travail de l'auteur"

50

Pour les deux algorithmes (**DSA, RSA**), le système nous demande dans quel fichier nous désirons sauvegarder la clé. Les fichiers par défaut semblent une bonne solution. Par la suite, une passphrase nous est demandée. Celle-ci est un « *mot de passe amélioré* », car non limité à un mot ou une petite suite de caractères et il faut cependant prendre des précautions, car en cas de perte de la passphrase, on ne pourra plus nous authentifier en tant que propriétaire authentique.

Les clés générées ont par défaut une longueur de *1024* bits, ce qui est aujourd'hui considéré comme suffisant pour une bonne protection. Par défaut, la clé privée est stockée dans le fichier ~/**.ssh/id_dsa** avec les permissions *600* et la clé publique est stockée dans le fichier ~/**.ssh/id_dsa.pub** avec les permissions *644*. Lors de la création des clés, il nous est demandé une passphrase qui est un mot de passe pour protéger la clé privée.

En d'autres mots, la passphrase sert à crypter la clé privé ; Elle nous sera alors demandée à chaque utilisation de la clé privée, c'est à dire à chaque fois que l'on doit se connecter en utilisant cette méthode d'authentification. Il existe un supplément de la commande ssh-keygen :

Client:~# ssh-keygen -t rsa -b 1024 -C "Cle_rsa_1024_bits_de_root"

Voici l'explication de cette commande : ssh-keygen : commande pour générer une paire de clés

-t rsa : on veut une clé de type rsa

-b 1024 : la longueur de la clé est de 1024 bits

-C "Clé_rsa...." : c'est un commentaire optionnel pour identifier la clé.

Nous pouvons à tout moment changer la passphrase qui protège notre clé privée avec la commande:

```
[root@localhost ~]# ssh-keygen -p
Enter file in which the key is (/root/.ssh/id_rsa):
Key has comment '/root/.ssh/id_rsa'
Enter new passphrase (empty for no passphrase):
Enter same passphrase again:
Your identification has been saved with the new passphrase.
[root@localhost ~]#
```

Figure 11 Modification de la passphrase "Travail de l'auteur"

Pour autoriser notre clé publique, il suffit de la copier dans le fichier ~/.ssh/authorized_keys de la machine sur laquelle nous voulons nous connecter à distance. La commande *scp* empreintée ci-dessous, permet de réaliser cette opération de copie via SSH:

```
[root@localhost ~]# scp .ssh/id_dsa.pub root@192.168.189.128:/root/.ssh/dsa_root.pub
The authenticity of host '192.168.189.128 (192.168.189.128)' can't be established.
RSA key fingerprint is e6:4d:7b:e4:cd:69:5e:6f:13:fc:24:5f:c3:7d:97:c7.
Are you sure you want to continue connecting (yes/no)? yes
Warning: Permanently added '192.168.189.128' (RSA) to the list of known hosts.
root@192.168.189.128's password:
id_dsa.pub                                    100%  616     0.6KB/s   00:00
[root@localhost ~]#
```

Figure 12 Autorisation de la clé publique "Travail de l'auteur"

Ou encore Client: ~#   scp   -P   22   /root/.ssh/id_rsa.pub   root@serveur.exemple.com:/root /.ssh/idclient_rsa.pub

Si le serveur ssh distant fonctionne sur le port *tcp* par défaut (le port 22) on peut omettre le parameter: –P 22.

A ce niveau, nous soulignons le fait que dans la commande ci-dessus le fichier de destination est bien **idclient_dsa.pub** et non pas **id_rsa.pub**. En effet un fichier **id_dsa.pub** existe surement et on risque de l'écraser. Et celui qui est déjà présent est certainement *la clé publique rsa* de l'administrateur du serveur. Qui à nous de faire attention à ne pas l'écraser. Le fichier est maintenant copié sur l'hôte distant, il reste à inclure la clé dans le fichier **/$HOME/.ssh/authorized_keys**.

Et c'est à l'aide de la commande suivante:

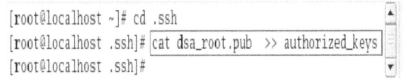

```
[root@localhost ~]# cd .ssh
[root@localhost .ssh]# cat dsa_root.pub >> authorized_keys
[root@localhost .ssh]#
```

Figure 13 Inclusion de la nouvelle clé "Travail de l'auteur"

On peut maintenant se connecter sans mot de passe de l'usager. Il faut juste fournir la passphrase:

```
[root@localhost ~]# ssh 192.168.189.128
Enter passphrase for key '/root/.ssh/id_dsa':
Last login: Sun Sep 30 19:41:36 2007 from 192.168.189.128
[root@localhost ~]#
```

Figure 14 Connection sans mot de passe "Travail de l'auteur"

Même chose aussi pour SCP:

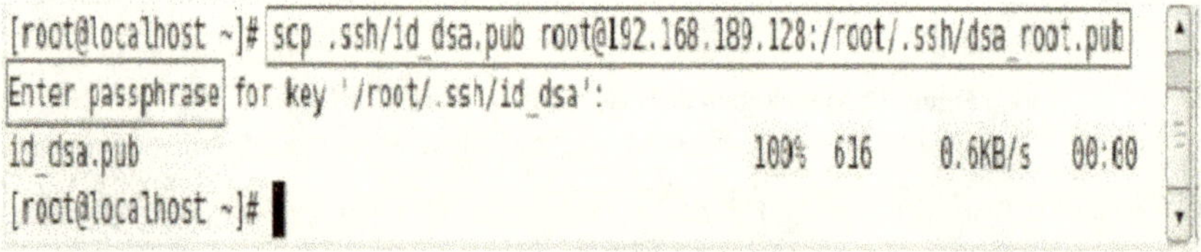

```
[root@localhost ~]# scp .ssh/id_dsa.pub root@192.168.189.128:/root/.ssh/dsa_root.pub
Enter passphrase for key '/root/.ssh/id_dsa':
id_dsa.pub                                      100%  616    0.6KB/s  00:00
[root@localhost ~]#
```

Figure 15 Connection Scp "Travail de l'auteur"

Si le serveur ssh distant fonctionne sur le port tcp par défaut (le port 22) on peut omettre le paramètre -p 22. Notons que dans la commande scp on écrit -P 22 (*P majuscule*) alors que pour la commande ssh on écrit -p 22 (*p minuscule*). Dans la commande ci-dessus il faut bien mettre >>et non pas >sinon on écrase le fichier

authorized_keys du serveur distant au lieu de le mettre à jour. Et si tout fonctionne comme attendu, on peut maintenant se connecter sans être obligé de rentrer le mot de passe :

Client:~# ssh root@serveur.exemple.com
Last login: Sun Dec 10 20:18:09 2006 from 192.168.189.168
Serveur:~#
Serveur:~# exit

Si on se connecte souvent sur ce serveur, il peut être pénible de rentrer à chaque fois la commande complète ssh user@serveur.exemple.com.

Et pour simplifier la ligne de commande, il suffit de créer ou de modifier le fichier ~/.ssh/config de la façon suivante :

Host serveur : Nom du serveur ou l'on se connecte très souvent.

Port 22 : port par défaut du serveur ssh.

User root : la connection s'effectuera comme étant root.

HostName serveur.exemple.com

A partir de maintenant, un simple ssh serveur suffira pour se connecter sur la machine **serveur** en question. Le paramètre **Port 22** est facultatif si le serveur fonctionne sur le port par défaut.

3.3.3 AUTHENTIFICATION SANS MOT DE PASSE

Cette section est intéressante aussi car, elle permet à ceux qui utilisent déjà un couple de clés publiques / privées, qui les ont cryptées avec une passphrase (c'est la configuration la plus sûre) d'appliqués une procédure qui facilite plus la tâche en terme de connectivité ; c'est celle qui permet d'être reconnu par un serveur sans ses paires de clés.

Par conséquent, le client SSH demande la passphrase à chaque utilisation des clés pour s'authentifier et pour éviter d'avoir à taper systématiquement sa passphrase, il faut utiliser *ssh-agent* : ce programme tourne en tâche de fond et garde la clef en mémoire. La commande *ssh-add* permet de donner sa clé à ssh-agent. Ensuite, quand on utilise le client ssh, il contacte ssh-agent pour qu'il lui donne la clé. Voici la commande pour démarrer le serveur:

```
[root@localhost ~]# ssh-agent
SSH_AUTH_SOCK=/tmp/ssh-npqPNM3456/agent.3456; export SSH_AUTH_SOCK;
SSH_AGENT_PID=3457; export SSH_AGENT_PID;
echo Agent pid 3457;
[root@localhost ~]#
[root@localhost ~]# SSH_AUTH_SOCK=/tmp/ssh-npqPNM3456/agent.3456; export SSH_AUTH_SOCK;
[root@localhost ~]# SSH_AGENT_PID=3457; export SSH_AGENT_PID;
[root@localhost ~]#
```

Figure 16 Commande de demarrage du serveur "Travail de l'auteur"

Puis on donne notre clé à l'agent avec la commande suivante :

```
[root@localhost ~]# ssh-add
Enter passphrase for /root/.ssh/id_rsa:
Identity added: /root/.ssh/id_rsa (/root/.ssh/id_rsa)
Identity added: /root/.ssh/id_dsa (/root/.ssh/id_dsa)
[root@localhost ~]#
```

Figure 17 Attribution de la clé "Travail de l'auteur"

Il nous demande alors notre passphrase ; Maintenant que notre clé a été transmise à l'agent, nous pouvons nous connecter sans entrer de mot de passe à toutes les machines pour lesquelles nous avions mis notre clé publique dans le fichier **~/.ssh/authorized_keys.**

Et pour tuer l'agent ssh-agent, il suffit de faire:

```
[root@localhost ~]# ssh-agent -k
unset SSH_AUTH_SOCK;
unset SSH_AGENT_PID;
echo Agent pid 3457 killed;
[root@localhost ~]#
```

Figure 18 Acquisition de la passphrase "Travail de l'auteur"

3.4 LANCEMENT DU SERVEUR SSH

Il est possible de lancer le serveur SSH grâce à la commande **sshd** ou bien en utilisant le script de démarrage : **#/etc/init.d/sshd start**

Les autres options plus courantes sont :

-stop (*arrêter le serveur ssh*)

-reload et restart (*relancer le serveur*)

-status (*vérification du statut sshd*)

3.5 LES COMMANDE SCP ET SFTP
3.5.1 SCP (SECURE COPY)

Scp est un programme Shell qui permet de faire des copies de fichier d'une machine à une autre. Elle sert généralement à copier des fichiers local sur un serveur distant, et vice-versa. En effet, la commande scp peut être utilisée pour transférer des fichiers entre des ordinateurs au moyen d'une connexion cryptée sécurisée. Cette commande est semblable à rcp et la syntaxe générale correspondant au transfert d'un fichier local vers un système distant est la suivante :

Scp <fichier-local> user@serveur:/chemin/

Scp localfile username@tohostname:/newfilename

Pour faire ça, il nous faut plusieurs choses :

-le chemin du fichier local ;

-le nom ou l'IP de mon serveur ;

-un compte qui a accès à ce serveur ; et le chemin où on souhaite bien copier le fichier sur le serveur.

Voici un premier exemple : scp image.jpg roland@192.168.1.15:/home

Dans cet exemple, mon nom d'utilisateur sur le serveur est roland, l'IP du serveur est192.168.1.15 (sur mon réseau local),et l'emplacement où le fichier sera copié est / home/roland/ Le fichier local (localfile) spécifie **la source** et username@tohostname:/newfilename **la destination**.

Voici une autre illustration : scp shadowman username@kalonji.example.net:/home/username

Cette opération entraînera le transfert du fichier local *shadowman* vers /home/username/*shadowman* sur kalonji.example.net. Il est également possible de spécifier plusieurs fichiers en tant que fichiers source. Par

exemple, pour transférer le contenu du répertoire /*downloads* vers un répertoire existant nommé *uploads* sur l'ordinateur distant kalonji.example.net, nous devons entrer les éléments ci-dessous à l'invite du Shell :

Scp /downloads/* username@kalonji.example.net:/uploads/

Il se peut que nous n'ayons pas connaissance de l'arborescence précise qui mène à notre dossier personnel. Et dans ce cas, le chemin~/ pointe vers ce dossier. La commande pourrait se présenter ainsi :1.**scp image.jpg roland@192.168.1.15:~/step**

- L'option **-r** signifie « *récursif* », cela signifie que si nous envoyons un dossier (qui contient donc plusieurs fichiers et/ou sous-dossiers), scp parcourra tout ce dossier mais aussi les liens symboliques.

Nous remarquerons que dans les commandes où nous nous contentons de n'envoyer qu'un seul fichier, l'option **-r** disparaît car elle est bien entendu inutile.

- L'option **-p** signifie que scp gardera les dates de modifications et de créations des fichiers et répertoires ainsi que leur droit en lecture et écriture.

- L'option **-c** , comme son homologue celui de SSH, compresse les données durant le transfert. Enfin, pour plus d'informations, tapons « **man scp** ou **man ssh**» dans notre terminal.

3.5.2 SFTP (SECURE FILE TRANSFERT PROTOCOL)

SFTP signifie *SSH File Transfer Protocol* ou *Secure File Transfer Protocol* ; Il est le composant de ce protocole SSH qui assure le transfert de fichiers. L'utilitaire sftp peut être utilisé pour ouvrir une session FTP interactive sécurisée. Il est semblable à ftp mais, contrairement à ce dernier, utilise une connexion cryptée sécurisée. Ainsi donc, SFTP n'est pas une version de FTP sur SSH, mais au contraire un nouveau protocole. Toutefois, les commandes supportées par le client sont très semblables à celle d'un client FTP

La syntaxe générale de cet utilitaire est *sftp*Username@hostname.com. Une fois authentifié, nous pouvons utiliser un ensemble de commandes semblables à celles de FTP. En effet, le protocole SFTP a été inventé par l'IETF pour remédier au défaut du FTP qui lui opéré plusieurs transferts des fichiers d'une façon non cryptée qui ceux-ci permettés à quiconque se trouvant sur le réseau d'intercepté tout le contenu de ce fichiers échangés et même encore le mot de passe lors de la connexion.

Il sied donc de dire que SFPT est prêt d'accepter des commandes utilisateurs, il envoie une invite *sftp>*
Voici quelques commandes qu'un utilisateur *sftp* peut utiliser :
- *Quit* (quitter l'application).
- *Cd* {répertoire} : Change le répertoire de travail courant distant.
- *Lcd* {répertoire} : Change le répertoire de travail courant local.
- *Ls –r ou –l* fichier : Renvoie la liste des fichiers disponibles sur le serveur.
- *Get* fichier : transfère les fichiers indiqués spécifiés du serveur vers le client et les répertoires sont récursivement copiés avec le contenu.
- *Put* fichier : transfère les fichiers indiqués spécifiés du client vers le serveur et les répertoires sont récursivement copiés avec le contenu.
- *Etc...*

Enfin, la commande *man sftp* rentrée dans un Shell nous donne plus des détails sur cette utilitaire.

3.6 CREATION DE TUNNELS DANS UN MAN

3.6.1 ROLE DU TUNNELS

Un tunnel SSH fonctionne grâce à l'allocation d'une *"socket"* qui écoute sur le port spécifié de la machine localhost. Il transfère ensuite toute connexion reçue sur la/le machine/portlocal(e) via la connexion SSH vers la machine et le port distants spécifiés. Du point de vue pragmatique, le tunnel crée *une connexion chiffrée entre les clients et les serveurs* et aussi des *tunnels applicatifs et VPN.*

Ainsi, le rôle du tunnel sécurisé dans un réseau métropolitain est celui de relier deux réseaux locaux à travers un réseau non sécurisé public, l'extension de la zone de confiance du réseau local et permettre aux utilisateurs nomades d'accéder au réseau local. Et OpenSSH a la capacité de créer un tunnel pour encapsuler un autre protocole dans une session chiffrée. Mais le plus grand rôle est celui de **remplacer** ou **sécuriser les protocoles ne chiffrant pas l'authentification.**

3.6.2 TUNNEL SSH -L (LOCAL) ET SSH -R (REMOTE)

Il y a deux méthodes pour créer un tunnel ssh en ligne de commande. *La première*, qui est aussi la plus utilisée consiste à créer le tunnel à partir du client, tandis que dans *la deuxième* permet de créer le tunnel à partir du serveur. Nous avons constaté que la deuxième est peu utilisé et c'est ainsi que nous n'y tarderons pas.

➢ *SSH LOCAL*

Syntaxe:
Localhost% **ssh -L port-local:adresse:port serveur-ssh**

Le SSH local permet de transmettre les demandes locales (sur le port **port-local** de **localhost**) vers le **serveur-ssh** qui les envoie sur le port **port** de l'adresse **adresse** ; Le mode local nous permet aussi d'**accéder à un serveur sur un réseau privé.**

➢ *SSH DISTANT*

Syntaxe:
Localhost% **ssh -R port-distant: adresse:port serveur-ssh**

Le SSH distant permet de transmettre les demandes distantes (sur le port **port-distant** de **serveur-ssh**) vers **localhost** qui les envoie sur le port **port** de l'adresse **adresse** ; En gros, le mode distant nous permet d'**ouvrir l'accès à un serveur sur un réseau privé**. Typiquement, on veut simplement sécuriser les échanges de données entre un client et un serveur http sur lequel tourne également un serveur ssh. On pourrait utiliser *https* à la place, mais ce n'est pas le but. Dans cet exemple on utilise seulement 2 machines, le client et le serveur.

Pour créer le tunnel ssh à partir de la machine cliente pas seulement sous Linux on ouvre un Shell et on entre la commande suivante :

ssh -L 200:serveur1:80 serveur1 ou ssh -L 200:serveur1:80 user@serveur1 ou même encore :

ssh -l user -L 200:serveur1:80 serveur1

Nous expliquons la syntaxe de la commande:

ssh -L portlocal:serveur1:portdistant serveur1

-L signifie que c'est une redirection de port locale, c'est à dire initiée par le client

-Portlocal est le n° de port tcp qu'il faudra utiliser pour se connecter sur localhost. Ce n° de port est arbitraire, mais il faudra néanmoins être root sur la machine client s'il est inférieur à 1024.

-Portdistant est le port utilisé par le service du serveur distant, donc 80 pour un serveur http.

-serveur1 est le nom de la machine sur lequel tournent les serveurs http et ssh. A la place des noms des serveurs, on peut aussi utiliser les adresses IP.

-l user de la 3° commande est l'équivalent de **user@** de la 2° commande. Dans la première forme de syntaxe, on ne spécifie pas le nom de **user** car on part du principe que c'est le même que sur le client.

Une fois le tunnel créé, il suffira de taper http://localhost:200 dans la barred'adresse du navigateur pour être en fait connecté au serveur distant. On obtiendra alors les mêmes informations que si on avait tapé http://serveur1, mais les échanges de données ne pourront pas être écoutées.

3.6.3 TUNNEL SSH EN UTILISANT UNE PASSERELLE POUR ATTEINDRE UNE AUTRE MACHINE

Dans ce cas de figure, on utilise un serveur ssh comme passerelle pour joindre une autre machine. Les échanges cryptés ne se font alors qu'entre le client (**hote1**) et la passerelle (**serveur1**), et c'est cette dernière qui relaye les informations en clair à la machine que l'on souhaite atteindre. Cette topologie peut être utilisée pour résoudre les problèmes suivants :

Cas n° 1: on souhaite atteindre une machine (**le serveur2**) dans un réseau privé, mais cette machine n'a pas de serveur ssh. Les informations qui transitent sur internet doivent être cryptées, mais pas les informations qui circulent sur le réseau local. *Exemple* : on est connecté à un *hotspot wifi* public et on veut utiliser le serveur intranet de son entreprise.

Cas n° 2 : on est sur un réseau local et on désire se connecter à un serveur de news (nntp) qui est le serveur 3. Malheureusement le firewall du réseau local interdit ce genre de connexions. Par contre, on a la possibilité de se connecter sur un serveur ssh à l'extérieur et de s'en servir de passerelle pour atteindre ce serveur de news. Bien sûr le firewall du serveur doit laisser passer les connexions sortantes sur le port tcp 22 pour que ça marche. Notons que dans ces 2 cas de figures, le serveur ssh est lui aussi derrière un routeur et a une adresse IP privée. Le routeur distant devra donc faire du *Port Forwarding*, c'est à dire qu'il faut le configurer pour que lorsqu'il reçoive une demande de connexion sur le port TCP 22 (ssh) de son adresse IP publique, il forwarde la requête vers le port TCP 22 de l'adresse IP privée du serveur ssh.

Que nous trouvions l'idée de joindre le **serveur2** ou le **serveur3**, la commande sera la même. Apartir de la machine cliente (Windows, Linux et même MacOSX) nous ouvrons donc notre Shell et on entre la commande suivante:

ssh -L 200:serveur2:119 serveur1 ou ssh -L 200:serveur2:119 user@serveur1 et encore même : ssh -l user -L 200:serveur2:119 serveur1

3.7 X-FORWARDING

Il est possible d'utiliser des applications graphiques via SSH ; pour cela il faut exporter le display et activer l'option X11 fowarding.Quand on l'active cela signifie que nous allons pouvoir travailler en export display par SSH. Le X11 est le système d'interaction graphique avec l'utilisateur dans l'environnement Unix du type BSD (Berkely Software Distribution).

Le X11 fonctionne en mode client-serveur comme suit :

-Le serveur **X** tourne sur la machine qui est doté de l'écran, du clavier et de la souris ;

-Le client **X** se connecte au serveur **X** et lui envoie ses demandes d'affichages via un protocole **X**.

Il faut d'abord autoriser le client à recevoir le Xforwarding. Pour cela il faut modifier le fichier **/etc/ssh/ssh_config** (sur le serveur local), activer l'option *X11Forwarding* dans le fichier de configuration (**/etc/ssh/sshd_config**) du serveur distant et ensuite lancer l'application dans la session ssh à partir du serveur local :

```
#  Host  *
#     ForwardAgent  no
#     ForwardX11  no
ForwardX11  yes
#     RhostsRSAAuthentication  no
#     RSAAuthentication  yes
#     PasswordAuthentication  yes
#     HostbasedAuthentication  no
#     BatchMode  no
#     CheckHostIP  yes
#     AddressFamily  any
#     ConnectTimeout  O
#     StrictHostKeyChecking  ask
'[ssh_config]'  46L.  1558C  written
```

Figure 19 Le X-forwarding "Travail de l'auteur"

192.168.189.128 étant l'adresse du serveur distant. Dans notre l'illustration ci-dessous, nous demandons d'ouvrir la connexion ssh pour inscrire **xclock** à l'intérieur.

```
[root@localhost ~]# ssh root@192.168.189.128 /usr/bin/xclock
Enter passphrase for key '/root/.ssh/id_dsa':
Warning: No xauth data; using fake authentication data for X11 forwarding.
```

Figure 20 Inscription à xclock "Travail de l'auteur"

Et la synthaxe qui permettra de lancer des applications graphiques depuis un PC distant qui s'affichent ensuite sur notre PC est la suivante: SSH –x username@adresseIP ou hostname nomApplication

CONCLUSION GENERALE

Notre étude approfondie sur les protocoles ssh et OpenSSH touche à sa fin; Celle qui nous a permis de comprendre comment un protocole de sécurité fonctionne en dépit de toutes ses variances et spécificités. En gros, SSH constitue une approche puissante et pratique pour protéger les communications sur un réseau d'ordinateurs. À travers une authentification sécurisée et des techniques de chiffrement, SSH permet d'effectuer en toute sécurité des connexions à distance, des commandes distantes, des transferts de fichiers, un contrôle d'accès, le transfert de ports TCP/IP et d'autres fonctionnalités importantes.

Tout en partant du premier chapitre, nous avions d'abord donné un glossaire concernant l'aspect des protocoles en termes d'utilités et d'usages conceptuels qui s'avèrent une terminologie empreintée non seulement pour un MAN, mais aussi pour toutes les catégories réseaux qui se veulent sécurisés.Subséquemment, dans notre deuxième chapitre, nous avons commencé par brosser l'historique et même l'origine du SSH et de ses variances avant de remonter dans le temps pour voire son évolution, son fonctionnement, ses options, ses techniques et méthodes et enfin ses avantages et aussi ses faiblesses ; C'est encore dans ce chapitre que nous avions eu à présenter les protocoles qui eux ont aussi une manière d'agir pas très différente du Secure Shell et de méthodes de cryptographies.

En fin, dans le troisième chapitre, sur la configuration et l'utilisation d'OpenSSH nous avions illustré l'implémentation en commençant par l'installation d'OpenSSH et ensuite par le paramétrage des grandes lignes qui régissent le client et même le serveur, et aussi leur les methods d'authentification. Dans ce même chapitre nous avions illustré la notion de tunneling local et distant dans un réseau MAN tout en passant par les commandes aussi usuelles scp et sftp avant de clore avec le Xforwarding du côté client.

Ainsi donc, sous le couvert d'une simplicité apparente, nous n'avons pas la pretention d'épuiser tous les aspects de notre travail car ceci est le fruit d'un être former de sang et de chair, limiter et aussi faillible; d'où, sur ces entrefaites nous sollicitons vos remarques, suggestions et améliorations à vous nos lecteurs quant aux imperfections constatées dans ce travail de fin de cycle car dit on *l'homme ne peut atteindre la perfection mais il ne peut que la friser.*

BIBLIOGRAPHIE

1. WEBOGRAPHIE

-http://www.antiseches.net/post/Configuration-et-utilisation d'OpenSSH

-http://www.ybet.com/introduction aux réseaux informatiques, Model OSI et TCP/IP

-www.coment sa marche.fr/2013-2014.

-http://web.mit.edu/kerberos/www/

-http://www.openbsd.org

-http://www.ssh.com

-http://www.attachmatewrq.com

-Http //:www.wikipedia.com

-Http //:www.zeitoun.net

-http://www.Samomoi.com

2. LES OUVRAGES

➢ **Les cours**

-Daniel Cianda, Cours d'initiation à la recherche scientifique, inédit, Lubumbashi, U.P.L, G1 Info/jour 2006-2007

-Lubamba kibambe, cours de méthode de recherche scientifique, inédit, Lubumbashi, U.P.L, G2 info/jour, 2012-2013

-Assumani Etienne, cours d'initiation à la recherche scientifique, inédit, Lubumbashi, U.P.L, G1 info /jour, 2009-2010.

-Félix Mukendi, cours de réseaux, inédit, Lubumbashi, U.P.L, G1 info/ jour, 2009-2010.

-Papy Mukanda, cours d'architecture des micro-processeurs, inédit, Lubumbashi, U.P.L, G3 info/ jour, 2013-2014.

-Charles Chanda, Cours de réseau,inédit,U.P.L,Lubumbashi,G2Info/soir,2011-2012

➢ **Autres documents**

-Mitton Nathalie, TRANSMISSIONS ET PROTOCOLES, Inria, paris, 2011

-Benoit Vandevelde, Panorama des algorithmes de Cryptographie, PARIS, centrale Nantes, Mars2011

-Pinto & Grawitz, méthode en science sociale, éd, Dalloz, Paris, 1971.

-Stéphane sales, Secure shell login, 2003

-Mike loukides, SSH le Shell sécurisé, O'Reilly & Associates

-Markus Friedl, Secure Shell, ed.O'Reilly & Associates

-Hakim Benameurlaine, serverSSH, 2011

-Tuanloc Nguyen, Cours de réseau1, Université paris12, 2013

- HARKINS (D.) et CARREL (D.). – The Internet Key Exchange (IKE). IETF RFC 2409 (nov. 1998).

-« Encrypt the Web with the HTTPS Everywhere Firefox Extension » [archive], *eff.org*, 17 juin 2010.

- [RFC1704] N. Haller et R. Atkinson, "Authentification sur l'Internet", octobre 1994. (Information)

SUR GRIN VOS CONNAISSANCES
SE FONT PAYER

- Nous publions vos devoirs
  et votre thèse de bachelor et master

- Votre propre eBook et livre –
  dans tous les magasins principaux du monde

- Gagnez sur chaque vente

Téléchargez maintentant sur www.GRIN.com
et publiez gratuitement